Die Geburt der Kultur als Religionsaufkommen aus Todesangst und Lebenswillen

von

Eva-Maria Hesse-Jesch

Tectum Verlag
Marburg 2001

Die Deutsche Bibliothek - CIP-Einheitsaufnahme

Hesse-Jesch, Eva-Maria:
Die Geburt der Kultur als Religionsaufkommen aus Todesangst und Lebenswillen
/ von Eva-Maria Hesse-Jesch
- Marburg : Tectum Verlag, 2001
ISBN 3-8288-8302-8

Tectum Verlag
Marburg 2001

Inhaltsverzeichnis Seite

Abstrakt

Im Zentrum des zur Behandlung kommenden Themenkomplexes stehen Erklärungsbedürftigkeit und ethische Dimension der anthropologischen Invariante, Religionen zu bilden.

Die in der hier vorliegenden Abhandlung aufgenommene Frage nach einer tragfähigen naturalistischen Erklärung dieses Geschehens legt nahe, die Antwort unter Einbeziehung neurophilosophischer Einsichten, das heißt, auch unter dem Aspekt bestimmter hirnorganischer Erkenntnisse zu suchen. Demgemäß soll die vermutliche Genese des religionsbildnerischen Kulturphänomens bis in die Phylogenese des Menschen zurückverfolgt werden.

Die unter dem Überlebensdruck bereits bei Homo habilis vor nahezu zwei Millionen Jahren sich anbahnende Antizipationsfähigkeit scheint bei den letzten Späthominiden, Neandertaler und Cro-Magnon-Mensch, offenbar zur emotional nicht zu bewältigenden Todesangst eskaliert zu sein. Diese Annahme findet sich unter anderem durch das Verschwinden dieser Späthominiden gestützt.

Das Gehirn des vor etwa 40 000 bis 100 000 Jahren auftretenden Homo sapiens sapiens hat allem Anschein nach vermocht — höchstwahrscheinlich mit Hilfe des Traumerlebens und des Spracherwerbs — diese emotionale Eskalation auszubalancieren. Es scheint nicht unplausibel zu sein, anzunehmen, dass die den eigenen Tod einbeziehende Antizipation unter emotionsstrategischer Nutzung der im Gehirn phylogenetisch vorgegebenen Gruppenbindung kommunikativ entlastend modifiziert werden konnte. In diesem Zusammenhang ergaben sich höchstwahrscheinlich Totenkulte als offenbar früheste Form einer Religionsbildung.

Vermutlich auf Grund der anzunehmenden Primärverankerung derartiger Sozialpraktiken in spezifischen, im Gehirn des Menschen grundlegend phylogenetisch gesicherten Verhaltensmustern der Gruppenbindung scheint die Ritualisierung bestimmter Gemeinschaftsaktivitäten nachhaltiger Fundus der fortan sich herausbildenden Kulturen geblieben zu sein.

Die aller Wahrscheinlichkeit nach prinzipiell hirnorganisch angelegten religionsbildnerischen Denkstrukturen lassen sich sowohl in Schriften glaubensapologetischer Autoren, wie Descartes, Spinoza und Kant als auch in atheistisch konzipierten existenzialphilosophischen Texten Heideggers und Sartres aufzeigen. Hierbei deutet sich an, dass die Suche nach einem Beweis der Gottesexistenz durch die Suche nach dem Sinn der bewusst gelebten menschlichen Existenz abgelöst wird.

Vorstellung der Arbeitshypothese

In der anthropologischen Invariante, Religionen zu bilden, gibt sich offenbar die Grundlage weiterer Kulturphänomene zu erkennen, wie sie etwa als Totenbestattung, Initiationsriten oder auch im Jahreszyklus wiederkehrende Kultrituale vollzogen werden.
Die Invarianz der Religionsbildung verweist angesichts der Vielfalt jeweils kulturspezifischer Religionen auf eine vorkulturelle Ausgangsbasis dieses kulturanthropologischen Phänomens.
Als vorkulturelle Basis jeglicher Kulturentwicklung kommt nur das Gehirn des Menschen als Spezies in Betracht.
Anhand neurowissenschaftlicher, paläanthropologischer, ethnologischer, kulturanthropologischer, psychoanalytischer und geistesgeschichtlicher Befunde sollte sich eine plausible naturalistische Erklärung zur Genese der anthropologischen Invariante, Religionen zu bilden, vorschlagen lassen.

Thesen

I)
Die kulturanthropologische Invariante, Religionen zu bilden, beruht sehr wahrscheinlich auf einer phylogenetisch vorgeprägten Denkstruktur, die sich zur psychischen Bearbeitung der unter dem biologischen Imperativ der Überlebenssicherung eskalierenden Todesangst fortentwickelt hat.
Aus dieser Todesangstbewältigung sind vermutlich Kultformen und schließlich Religionen hervorgegangen.

Das soll in Teil I der Abhandlung vertreten werden.

II)
Die Annahme einer phylogenetischen Verankerung der archaisch religionsbildnerischen Strategie zur Bewältigung der Todesangst findet sich in der Durchsetzungskraft religiöser Denkgehalte gegenüber intellektuellen Einwänden gestützt.
Sowohl in glaubensapologetischen als auch in atheistischen Schriften lassen sich als Merkmal der anthropologischen Invariante, Religionen zu bilden, spezifisch religionsbildnerische Denkstrukturen kenntlich machen.
Die geistes- und kulturgeschichtliche Relevanz der >Religionsbildung<[1] verweist auf ihre ethische Dimension. Diese tritt in religionsapologetischen wie insbesondere auch in religionskritischen Texten zu Tage.

Das soll in Teil II der Abhandlung gezeigt werden.

---

[1] Dieser Begriff wird fortan wahlweise als Kurzform für die kulturanthropologische Invariante, Religionen zu bilden, verwendet.

Einleitung

Muss die Tatsache, dass der Mensch überall in der Welt Religionen gebildet hat, als Beweis für die Existenz eines Gottes akzeptiert werden? Die Zurückweisung dieses Ansinnens fordert zu plausibler Begründung heraus. Das soll Anliegen der vorliegenden Abhandlung sein.
Die allgemeinsten bekannten Kulturphänomene, wie etwa Totenbestattung, Initiationsriten oder auch im Rhythmus der Vegetationsperioden jeweils wiederkehrende Kultrituale sind ausnahmslos religiös begründet. Das weltweit anzutreffende Kulturphänomen der Religionsbildung hat den Charakter einer anthropologischen Invariante, der sich auf die somit religiös verankerten Kulturphänomene überträgt.
Religionen sind bekanntlich Glaubensgebäude, die von ihren Anhängern für verbindlich gehalten werden, wobei diese sich unter anderem darauf berufen, dass die Glaubensinhalte nicht widerlegt werden können. Auch die weltweit verbreitete Religionsbildung wird nachdrücklich als Argument zu Gunsten der Existenz eines Gottes in Anspruch genommen. Die von den Religionen ausgehende gesellschaftliche Macht verleiht der hier aufgenommenen Frage nach einer naturalistischen Erklärung dieser kulturanthropologischen Invariante, Religionen zu bilden, ihre ethische Relevanz.
Eine wahrscheinliche Wissenserweiterung dieser Art dürfte sich aus dem Aufzeigen des mutmaßlich primären Aufkommens der Religionsbildung gewinnen lassen. Im ersten Teil der vorliegenden Studie sollen Hinweise darauf erbracht werden, dass diese Genese sich sehr wahrscheinlich in der Phylogenese des Menschen fundiert findet.
Im zweiten Teil der Abhandlung werden Texte philosophischer Denker hinsichtlich ihrer spezifisch religionsbildnerischen Komponenten und deren Gewichtung innerhalb der jeweiligen Denkbewegungen untersucht. Dieses Vorgehen soll die Wahrscheinlichkeit der im ersten Teil bis in die Phylogenese der somit vorkulturellen Hirnstrukturierung zurückverfolgten vermutlichen Genese der kulturanthropologischen Invariante, Religionen zu bilden, bekräftigen. Unter diesem Aspekt soll die religionsbildnerische Invariante **als solche** durch ihre Präsenz auch in atheistischen Denkfiguren aufgezeigt werden. Insgesamt wird bezüglich der jeweils epochenspezifisch biographischen Situation der Autoren hier näher betrachteter Schriften auf möglicherweise im weiteren Sinn existenziell begreifbare Analogien zur vermutlichen Befindlichkeitskonstitution des archaischen[2] Menschen hinzuweisen sein. Als Wesensmerkmal spezifisch existenzieller Krisen deutet die unter existenzialphilosophischem Aspekt explizit betrachtete Grundbefindlichkeit der Angst auf ihren vermuteten Ursprung in der überlebenskritischen Situation des Menschen als Spezies hin.

---

[2] Der Begriff >archaisch< wird im Rahmen dieser Arbeit für die ersten Generationen des modernen Menschen als Homo sapiens sapiens verwendet. Als >Späthominide< sollen die unmittelbar vor oder gleichzeitig mit Homo sapiens sapiens auftretenden Menschen begriffen werden. Näheres hierzu folgt im Verlauf der Abhandlung.

Als Schlüssel zur Genese der religionsbildnerisch-kulturanthropologischen Invariante kommt also zumal die anzunehmende Funktion der Religion für das **archaische** Individuum in Frage. Das heißt, es ist zu untersuchen, aus welchen Gründen die Religionsbildung überlebensrelevant gewesen sein könnte.
Der Faktor Überlebensrelevanz bietet sich zunächst selbst als Erklärung dafür an, dass Totenkult und Religion sich als engstens miteinander verflochten erweisen. Ethnologischen Befunden zufolge kann sogar davon ausgegangen werden, dass die Religionsbildung als Erweiterung des Totenkultes erfolgt sein dürfte.[3] Die überlebensrelevante Funktion der Religionsbildung hängt also offenbar zunächst mit dem primären Totenkult zusammen. Auf beide Überlegungen wird später näher eingegangen.
Dieser angenommene Zusammenhang lässt sich als solcher vorab darstellen. Jeglicher Totenkult setzt hohe emotionale Auswirkung des beobachteten Todes auf die Überlebenden voraus. Jeder emotionale Stress erfolgt nämlich als **physiologische** Reaktion eines Organismus auf spezifisches, insbesondere bedrohliches Umweltgeschehen[4]. Der angesichts eines beobachteten Todes ausgelöste Stress antwortet auf als bedrohlich bewertetes Umweltgeschehen. Eine Annahme von Bedrohtheit resultiert hier zum einen aus dem prekären Verlust eines Mitmenschen, der einer gemeinsamen Überlebenssicherung nicht mehr zur Verfügung steht. Den beobachteten Tod **als Verlust begreifen** zu müssen, setzt Antizipationsvermögen hinsichtlich künftiger Situationen voraus. Zum anderen verleiht diese Antizipationsfähigkeit des Menschen dem beobachteten Tod die eminent beängstigende Vorstellung des als gewiss erkannten künftigen eigenen Todes.
Diese Gewissheit jedoch trifft auf den phylogenetisch, und somit vorkulturell verankerten biologischen Imperativ der Überlebenssicherung. Die stressrelevante emotionale Anbindung der Bedrohtheitsqualität eines beobachteten Todes an den phylogenetisch verankerten Überlebenstrieb findet im Rahmen neuester Ergebnisse der Hirnforschung, worauf später näher einzugehen sein wird, hinsichtlich der neuronalen Strukturen und Prozesse offenbar eine gewisse Entsprechung. Neurowissenschaftliche Befunde haben ergeben, dass die für Emotionen zuständigen Hirnareale dem sogenannt festverdrahteten Bereich der Überlebenssicherung eng benachbart beziehungsweise verflochten sind. Der vorkulturelle Emotionsstress hatte seine Funktion mit der ausgetragenen Bedrohtheitssituation erfüllt. Für den archaischen Menschen galt das wahrscheinlich nicht mehr, denn die jeweils ausgestandene Gefahr hatte allem Anschein nach bereits bei den letzten Späthominiden eine gedächtnisrelevant neue Dimension angenommen. Die erworbene Antizipationsfähigkeit scheint den beobachteten Tod des anderen Menschen zur Bedrohung des eigenen Lebens qualifiziert zu haben. Dieses Bedrohtheitswissen bedurfte offenbar überlebensrelevanter Entlastung.

---

[3] Vgl. E. E. Evans-Pritchard, >Theorien über primitive Religionen< Suhrkamp Ffm 1968
[4] Vgl. Gerald Hüther; >Der Traum von stressfreien Leben< in: Spektrum der Wissenschaft 3/99

In dieser Notlage hat sich vermutlich das Traumerleben des archaischen Menschen insofern als hilfreich erwiesen, als in den Träumen nahestehende Verstorbene aufgetreten sein mögen. Diese Vermutung kann sich bereits vorwissenschaftlich auf die Erfahrung berufen, dass selbst banales Alltagsgeschehen Trauminhalte bildet. Sie wird darüber hinaus, wie später aufgezeigt werden soll, durch die Psychoanalyse Freuds gestützt.
Traumbegegnungen mit Verstorbenen werden dem archaischen Menschen, wahrscheinlich vermittels des etwa zeitgleich herausgebildeten sprechbaren Verständigungsmediums der Lautsprache, erlaubt haben, das beobachtete Sterben anderer Menschen als Übergang in eine übernatürliche Lebensform zu interpretieren. Dazu mag das Auftreten Verstorbener in den Träumen mehrerer Mitglieder der jeweiligen Gemeinschaft wesentlich beigetragen haben. Der eigentlich entscheidende Faktor hinsichtlich der archaischen Glaubwürdigkeit dieser Interpretation dürfte sich gewiss aus der darin gewährten emotionalen Entlastung ergeben haben.
Der emotionale Stress, welcher als Strategie des biologischen Imperativs das Leben des gefährdeten Individuums zu sichern hatte, war wohl als antizipativ erweiterter, das heißt, mit starker Erwartungsangst verbundener Dauerstress selbst höchst lebensbedrohlich geworden. Angesichts dieser emotionalen Eskalation dürften die Traumauftritte Verstorbener eine überlebensrelevante Stressentlastung gewährt haben, so dass der archaische Mensch seine allgemeine Lebenstüchtigkeit zurückgewinnen konnte.
Das Zusammenwirken von Traumproduktion und emotionaler Stabilisierung könnte bestimmten, zumal in dieser Hinsicht außergewöhnlich >begabten< Individuen zu ganz besonderer Wertschätzung innerhalb ihrer Gemeinschaft verholfen haben. Den kommunikativ bezeugten Traumbegegnungen wird nämlich ein dem hohen Angstentlastungsbedürfnis entsprechendes starkes Vertrauen entgegengebracht worden sein. Davon ausgehend hat sich vermutlich kraft gegenseitiger kommunikativer Vergewisserung ein Glaubensbildungsprozess organisieren können. Zu dessen Bekräftigung wird sich aller Wahrscheinlichkeit nach aus der ursprünglich schlichten Traumbegegnungsmitteilung eine regelhafte Kommunikationsform und schließlich ein Kult entwickelt haben. Hierbei wird den oben eingeführten Individuen besonderer Einfluss auf Ausgestaltung und Trosteffizienz solcher Veranstaltungen zugekommen sein, der ihnen fortan zu einem Sonderstatus innerhalb ihrer jeweiligen Gemeinschaft verholfen haben könnte.
Damit ist bereits die Erweiterung des angenommenen, archaisch einsetzenden Totenkultes zur Religionsbildung angesprochen. Diese lässt sich vermutlich zurückführen auf eine Erweiterung der Antizipation des eigenen Todes, angesichts des Sterbens anderer Menschen, auf die Gefährdung des eigenen Lebens durch die selben Ursachen, die zum Tode der Anderen geführt hatten. Der archaische Mensch fand sich vermutlich nicht nur seinem Wissen um den eigenen Tod ausgeliefert. Er war wahrscheinlich eben auch mit der Erkenntnis seiner Bedrohtheit durch Naturgewalten konfrontiert. Darüber hinaus wird

dann das beobachtete Sterben Anderer ohne beobachtbare Ursache für dieses Sterben oder auch für die dem Tode vorausgehenden Erkrankungsmerkmale als unheimliches Bedrohungspotential allgegenwärtig gewesen sein.

Zu diesem sich aufbauenden Bedrohtheitswissen hat das archaische Gehirn offenbar eine Fortentwicklung der Totenkultstrategie erbringen müssen, um der drohenden tödlichen Stresseskalation zuvorzukommen. Hierbei dürfte sich eine gewissermaßen kommunikativ religionsbildnerische Überformung jener ursprünglich als tröstliche Trauminterpretation begründeten Strategie der Todesangstmilderung vollzogen haben.

Indem diese Überformung als grundlegende Auseinandersetzung des menschlichen Gehirns mit der jeweiligen Umwelt ausgetragen werden musste, manifestierte sich die religionsbildnerisch-kulturanthropologische Invariante in jeder Kultur gemäß deren jeweiligen regional spezifischen Lebensbedingungen. Dennoch hat die einschlägige Forschung signifikante Gemeinsamkeiten zu Tage gefördert. Dazu gehören insbesondere die Vergöttlichung zumal der Gestirne, Personifizierung und Vergöttlichung bestimmter herausragender Naturphänomene sowie jeweils regional als bedrohlich erfahrener Naturgewalten.

Die Herausbildung des Totenkultes setzt eine Gemeinschaft voraus, die durch den Tod eines ihrer Mitglieder verliert, und diesen Verlust **als solchen** begreift. Der Totenkult hatte also wohl zum einen die Funktion, den jeweiligen Verlust durch eine beruhigend über den Tod hinausreichende Einbindung des Verstorbenen in die Gemeinschaft zu mildern. Zum anderen dürfte er die Furcht der Lebenden gestillt haben, durch den Tod von dieser Geborgenheit in der Gemeinschaft ausgeschlossen zu werden, die ja für den archaischen Menschen naheliegenderweise unmittelbar überlebensrelevant war. Das zu wissen, muss die primäre Angst vor dem Verlust dieser Geborgenheit zur eigentlichen Todesangst gemacht haben.

Im Verlauf der religionsbildnerischen Erweiterung des Totenkultes dürfte sich zugleich in den jeweils entstehenden Kultgemeinschaften eine Struktur wechselseitiger Verhaltenserwartung ergeben haben. Damit wird dann die erfolgte Herausbildung der religionsspezifischen Sanktionengefüge unter Berufung auf übernatürliche Instanzen einhergegangen sein. Hier findet sich auch eine denkbare Erklärung der fortan wirksam bleibenden Verflechtung der kulturspezifisch zwischenmenschlichen Verhaltensforderungsgefüge mit einem jeweils religionsbildnerisch, das heißt, vermeintlich übernatürlich legitimierten Sanktionensystem.

Die Kulturgeschichte der >Menschheit<[5] umfasst eine verschwenderische Fülle solcher religionsbildnerisch verfestigter Sozialgefüge. Im sogenannten abendländischen Kulturkreis hatte sich das Staatskirchensystem, mit dem Modell des weltlichen Herrschers von Gottes Gnaden, der Erbschaft jener ursprünglichen Angstbewältigungsstrategie des archaischen Menschen

[5] Dieser Begriff bezog sich noch im 18.Jhdt., also insbesondere bei Kant, auf die exklusive Spezifizierung des Menschen als Lebewesen. Jene Konnotation schwingt hier durchaus mit.

bemächtigt. Die noch immer erhaltene Funktionstüchtigkeit dieses Erbgutes scheint auch dafür zu sprechen, dass die dieser Funktion wahrscheinlich zu Grunde liegende archaisch ursprüngliche Strategie überlebensrelevant gewesen sein muss. Für jene ursprüngliche Überlebensrelevanz spricht darüber hinaus zumal auch, dass das religionsbildnerische Potential dieser kulturanthropologischen Invariante offenbar intellektuell nicht wirklich außer Kraft gesetzt werden kann. Das legt einmal mehr die später noch eingehend zu begründende Annahme nahe, dass diesem Kulturphänomen eine mit an Sicherheit grenzender Wahrscheinlichkeit primär vorkulturell hochgradig gefestigte Hirnstruktur zu Grunde zu liegen scheint. Die Intellektresistenz dieser Struktur manifestiert sich, wie noch aufzuzeigen sein wird, in Form von Immunisierungsstrategien zum Schutze der intellektuell fragwürdigen >Glaubenswahrheiten<. In diesem Sinne lässt sich dann auch erklären, wieso jede aufkommende Religionskritik sich zunächst grundsätzlich lediglich **gegen die Instrumentalisierung** des Glaubens an eine göttliche Instanz richtet. Kritisiert wird sodann sehr wesentlich die psychologisch zu Tage geförderte, auch selbstbetrügerische, Heuchelei. Etwaige Zweifel an der Existenz eines Gottes führten, wie bereits angedeutet wurde und nur allzu bekannt ist, von Descartes bis in die Gegenwart immer wieder in versuchte Beweise oder sonstige Apologien einer solchen Existenz.

Das prekäre Potential einer derartigen Existenzbehauptung ergibt sich jedoch nicht aus dem Bedürfnis der Todesangstmilderung, sondern erst aus der Flucht des Menschen vor seiner Verantwortlichkeit für die Art und Weise seiner Lebensführung zu Lasten und zu Nutzen des Anderen, der unter dem Aspekt des menschlichen Miteinander in dieser Welt immer auch wir selbst sind. Das menschliche Gehirn hat offenbar zur Bewältigung der zutiefst existenzbedrohenden Angst eine allem Anschein nach äußerst hilfreiche Überlebensstrategie entwickelt. Die angenommene ursprünglich archaische Befindlichkeit der Angst ist Angst vor der als bedrohlich begriffenen Umwelt verbunden mit der daraus genährten Angst um das eigene Überleben.

Diese Angst wiederum ist, wovon im Rahmen naturwissenschaftlichen Forschens weitgehend ausgegangen wird, im vorkulturell phylogenetisch festgelegten individuellen Überlebenstrieb unausschaltbar verankert. Hierbei besteht jedoch, wie ebenfalls als gesichert angenommen wird, hinsichtlich der rigiden Unausschaltbarkeit des Überlebenstriebes eine äußerst gravierende Ausnahme: Um des Überlebens der Nachkommenschaft willen kann selbst der biologische Imperativ individueller Überlebenssicherung vernachlässigt werden. Diese Ausnahme ist von religionsbildnerischer Bedeutung und hoher ethischer Relevanz. Sie lässt nicht nur bis zum Fanatismus gesteigerte Ideologien mit spezifischen Auffassungen von Gemeinschaftlichkeit zu. Sie lässt sich auch für vermeintlich >heilige Kriege< instrumentalisieren.

Die im zweiten Teil dieser Abhandlung zu erörternden Schriften lassen die ethische Komponente des religionsbildnerischen Kulturphänomens als **den** tragenden Kontext desselben hervortreten. Auch dieser Zusammenhang lässt seine archaische Herkunft erkennen. Dass die Durchsetzungskraft der religionsbildnerischen Invariante sich selbst in Texten religionskritischer ja sogar atheistischer Denker aufzeigen lässt, spricht zum einen für die Annahme einer phylogenetisch fundierten Stabilisierung der in der hier vorliegenden Abhandlung als religionsbildnerisch aufgefassten Denkstrukturen. Zum anderen erweisen insbesondere diese Texte die grundsätzlich ethische Dimension von Religion überhaupt und somit die eigentlich wesentliche Bedeutung des in diesem Denken wirksamen Religionsbildungspotentials. Es wird zumal aufzuzeigen sein, dass die religionsbildnerische Invariante, wie sie sich von den frühen Kulturen her deutlich belegt findet, in bestimmten Denkfiguren, nicht nur glaubensapologetischer, sondern ebensowohl religiös indifferenter sowie atheistischer Schriften zu Tage tritt.

Teil I

A)
Das Entstehen und die Kompensation der Todesangst durch die Fortentwicklung der phylogenetisch angelegten Überlebensstrategie des Menschen

1) Vorbemerkungen

Eindeutig nachweisen lässt sich die anzunehmende archaische Herkunft des religionsbildnerischen Potentials[6] naturgemäß nicht. Wohl aber gibt es zum einen deutliche, sowohl geistes- als auch kulturgeschichtlich dokumentierte Anzeichen, die auf zumindest im Altertum noch verbreitet gewesene Denk- und Glaubensinhalte verweisen.
Von daher kann als belegt gelten, dass bestimmte religionsbildnerische Denkgehalte in den Jahrtausenden vor der europäisch-klassischen Antike gedacht worden sein müssen. Dieses Denken und Glauben dürfte mit sehr großer Wahrscheinlichkeit in einer anzunehmenden Phase der Entwicklung einer primär späthominiden Erscheinungsform zum archaischen Menschen äußerst stabil verankert sein. Der Begriff >archaisch< soll in Verbindung mit der Herausbildung einer im menschlichen Gehirn spezifisch angelegten religionsbildnerischen Verschaltungsvorgabe für die frühesten Generationen des Menschen als Homo sapiens sapiens verwendet werden. Das heißt, Neandertaler wie auch Cro-Magnon-Mensch werden in diesem Sinn als >Späthominide< aufgefasst und so vom >archaischen Menschen< als Vertreter der somit frühesten Generationen des noch lebenden Menschen unterschieden.
Zum anderen gilt, worauf noch näher einzugehen sein wird, nach dem gegenwärtigen Stand der Hirnforschung als neurowissenschaftlich recht weitgehend belegt, dass die neurophysiologische Emotionssteuerung mit dem phylogenetisch verfestigten Bereich der Überlebenssicherung eng verwoben zu sein scheint.[7] Beide Komponenten sprechen — insbesondere in ihrer Kombination — für eine sehr hohe Wahrscheinlichkeit der im oben definierten Sinn archaischen Herkunft des spezifisch religionsbildnerischen Potentials im menschlichen Gehirn.

---

[6] Dieser Begriff wird im Sinne einer im Zusammenwirken von Gehirnfunktion und Verhalten getragenen spezifischen Fähigkeit des Menschen verwendet.

[7] Vgl. Antonio Damasio; >Descartes' Irrtum< dtv München 1999 Seitenzahlen mit Da im Text; hier 57 und passim

2) Paläanthropologische und neuropsychologische Befunde und ihre Bedeutung für die Entwicklung des Menschen vom Hominiden zum Homo sapiens sapiens

Religionen bilden zu können setzt die hirnphysiologische Fähigkeit voraus, neuronalstrategisch religionsbildnerisches Potential zu entwickeln. Dieses Potential ist im oben definierten Sinne neuropsychologischen Charakters. Die hier anzusprechenden neuropsychologischen Aspekte ergeben sich aus der Beziehung zwischen Gehirnfunktion und Verhalten des Menschen. Diese Beziehung soll im Rahmen der vorliegenden Abhandlung bezüglich ihrer Aufschlüsse zur mutmaßlich archaischen Herkunft der Religionsbildung untersucht werden. Der auf den solcherart vermuteten Ursprung dieses weltweiten Kulturphänomens gerichtete Fragenkomplex verweist angesichts gegenwärtiger neuropsychologischer Forschungsergebnisse auf spezifische paläanthropologische Befunde.

Die viktorianische Horrorvorstellung, der Mensch könnte vom Affen >abstammen<, hat sich bekanntlich relativiert. Mensch und Affe haben jedoch stammesgeschichtlich eine gemeinsame Vorfahrenfolge. Sie bildeten erst vor etwa fünf Millionen Jahren jeweils eigene Fortentwicklungen heraus. Mit dem Schimpansen hat selbst der moderne Mensch einen zu 99% gemeinsamen Gen-Bestand. Das ist unter neuropsychologischem Aspekt insofern von besonderem Interesse, als Schimpansen hinsichtlich ihres Verhaltens viele menschenähnliche Züge zeigen. Sie leben in Gruppen, „riskieren Kriege und töten ihre Nachbarn, um ihr Einflussgebiet zu vergrößern. ... Sie bilden komplexe soziale Verbände, in denen die familiären Verbindungen sowohl für das Individuum als auch für die Gruppenstruktur von Bedeutung sind. ... (Schimpansen) besitzen vielfältige manuelle und vokale Kommunikationsfähigkeiten sowie ein großes mimisches Repertoire. Die Tiere konstruieren und verwenden Werkzeuge, um sich zu verteidigen und um an Nahrung und an Wasser zu gelangen“.[8]

Die anthropologisch problematische Relevanz dieser ganz offenkundig speziesübergreifenden Verhaltensähnlichkeiten ergibt sich recht eindeutig aus deren phylogenetischem Festlegungscharakter. Dem prekären Potential dieser phylogenetischen Hypothek wird auch durch die im hier zitierten Lehrbuch verwendete Terminologie Rechnung getragen. Die Autoren beschreiben tierisches Verhalten in einer am Verhalten des Menschen orientierten Ausdrucksweise.

Die vor etwa fünf Millionen Jahren einsetzende, sich hinsichtlich des Menschen ausdifferenzierende Stammesgeschichte eröffnet den denkbaren paläanthropologischen Voraussetzungsfundus der neuropsychologischen Forschung. Angesichts des Umfanges dieses für die Entwicklung der spezifisch menschlichen Arteigenschaften angesetzten Zeitraumes drängt sich eine vermeintlich längst hinreichend erledigte Überlegung auf: Das ist die Frage nach

[8] Vgl. Bryan Kolb und Ian Q. Whishaw; Neuropsychologie 2.Aufl. Spektrum Akademie-Verlag Heidelberg 1996, Seitenzahl. mit K/W im Text, hier 25

der Unerschütterlichkeit des Abgeschlossenheitspostulates hinsichtlich dieses jeweils speziesspezifischen Naturvorganges. Es gilt weithin als unkontrovers behauptbar, dass seit vermutlich 100 000 Jahren keinerlei Gen-Bestands-Modifikation stattgefunden habe. Diese Behauptung stützt sich auf Beobachtungen während eines Zeitraumes von lediglich 2% jenes fünf Millionen Jahre währenden Evolutionsprozesses der phylogenetischen Konfiguration des Menschen. Noch für den Zeitraum der Späthominiden-Phylogenese wird von paläanthropologischer Seite immerhin eingeräumt: „Selbst die Auswahl des Geschlechtspartners könnte eine Rolle gespielt haben.“ (K/W 29)
Nach abgeschlossener Phylogenese könnten phylogenetisch verankerte Fähigkeiten von insbesondere sozialer, somit ethischer Relevanz, jenseits jegliches als obsolet geltenden Lamarckismus, zumindest im Sinne einer sich stabilisierenden Begabung gewisse Vererbungsvorteile erbringen.

Die paläanthropologische Erschließung jener Jahrmillionen-Perspektive lässt, wie noch zu zeigen sein wird, erkennen, dass die phylogenetische Verankerung der Entwicklung einer hirnorganischen Bewältigungsstrategie zur Kompensation der antizipativ verursachten Todesangst als durchaus wahrscheinlich angenommen werden kann. Unter Berufung auf die paläanthropologischen Folgerungen aus fossilen Funden lässt sich vom Homo erectus über den Neandertaler und den Cro-Magnon-Menschen zum Homo sapiens sapiens eine den rekonstruierbaren Phylogenesemerkmalen entsprechende Fortentwicklung der primär angelegten Überlebensstrategie vermuten.

Der vor Homo erectus auftretende, etwa vor 1,75 Millionen Jahren lebende Homo habilis hatte als >geschickter Mensch< vermutlich eine ökologische Nische als Aasräuber zu nutzen verstanden. Die entsprechenden fossilen Funde lassen auf eine Verdoppelung des Gehirnvolumens gegenüber dem evolutiv älteren Australopithecus schließen. Das spricht nachdrücklich für die Annahme einer anforderungsintensiveren Lebensweise, wie sie in der ökologischen Nische des Aasräubers gegeben war. Unter diesen Umständen wird eine Fortentwicklung der Beobachtungsgabe hinsichtlich erwartbaren Verhaltens der Artgenossen im Gruppenverband erfolgt sein, die fortan über diesen nächstliegenden Orientierungsbedarf hinaus zur Information über das Jagdverhalten der Fleischfresser gedient haben dürfte. Herstellung und >geschickter< Gebrauch geeigneter Werkzeuge könnte den aasräuberischen Nahrungserwerb an den verlassenen Beutetierresten ermöglicht haben. Aus paläanthropologischer Sicht geht man sogar davon aus, dass an den Aktivitäten zur Nutzung dieser ökologischen Nische **„die ganze Familie beteiligt“** gewesen sein dürfte. Damit wird bereits für diesen Hominiden eine intellektuell gesteuerte, überlebensrelevante Gemeinschaftsaktivität angenommen. Als Jäger und Sammler hätte er sich nicht behaupten können. Er war zu kleinwüchsig, als dass diese ältere These hätte aufrechterhalten werden können. „Die Tiere der Savanne ähnelten den dort noch heute lebenden Tieren, und es ist schwer vorstellbar, dass die frühen Hominiden sie erfolgreich jagen konnten. Die Tiere waren viel zu schnell und zu gefährlich, und außerdem waren die Hominiden relativ schutzlos **der Gefahr** durch

Großkatzen und Hundemeuten **ausgesetzt**." (K/W27) In einer solchen Umweltkonstellation dürfte sich die phylogenetisch derjenigen des Schimpansen entsprechende **Gruppenbindungssicherung** beim Hominiden überlebensnotwendig weiter verfestigt haben.

Dem nach Homo habilis, vor 1,6 Millionen Jahren auftretenden Homo erectus wird „eine Schlüsselrolle in der Evolution des Menschen" zuerkannt. Er gilt als weiterentwickelter Nachfolger des Homo habilis und hat bis vor etwa 400 000 Jahren gelebt. Der mit Homo erectus erreichte phylogenetisch offenbar tiefgreifend fortgeschrittene Entwicklungsstand des Menschen wird paläanthropologisch auf Grund von Schädelvergleichen zwischen Schimpansen und Hominiden zu erklären versucht. Dieser Vergleich wird der Hypothese einer vor Homo habilis' Auftreten erfolgten Präadaptation[9] zugrundegelegt, die sich in Verbindung mit der Aufrichtung des frühesten Hominiden zum Zweifüßer vollzogen zu haben scheint. Die fossilen Funde lassen erkennen, dass die Schädel der frühen Hominiden mehr Blutaderpforten haben, als die Schädel der Schimpansen. Das wird als Erklärung dafür interpretiert, dass nicht das Schimpansengehirn, wohl aber das Gehirn des Hominiden sich weiter vergrößern konnte. Diese Interpretation stützt sich ausdrücklich auf die vom zirkulierenden Blut zu leistende Funktion des Überhitzungsschutzes. Für das Gehirn ist diese Funktion besonders aufwendig, da es bei seinen Aktivitäten sehr viel Wärme erzeugt. Die Präadaptation des sich aufrichtenden frühesten Hominiden könnte also sowohl auf Grund der veränderten Körperhaltung als auch unter dem Anpassungsdruck seines Wärmehaushaltes eine Gehirnvergrößerung erlaubt haben. Diese würde dann auf die mit dem zu erobernden neuen Lebensraum Savanne verbundene Notwendigkeit zurückgehen, Greifhände und einen effizienteren Körperwärmehaushalt zu entwickeln.

Von dieser Präadaptation der früheren Hominiden dürfte also zunächst Homo habilis angesichts seiner zu erschließenden ökologischen Nische überlebensrelevant profitiert haben. Er hatte bereits ein erheblich größeres Gehirn als der frühere Hominide Australopithecus. Der Mensch hatte somit längst vor seinem Auftreten als Homo erectus jene Aufrichtung der Körperhaltung vollzogen, die diesem seinen Namen eintrug. Die Evolution vom umsichtigen Homo habilis zu Homo erectus wird paläanthropologisch als Weiterentwicklung aufgefasst. Das heißt, hier wird eine sich stufenlos fortsetzende Anpassung an komplexer werdende Überlebensbedingungen angenommen. Bezüglich der weiter zurückliegenden Evolutionsphasen wird hingegen eine punktuell sprunghafte Entwicklung vermutet.(vgl. K/W28,26) Die anzunehmende Weiterentwicklung von Homo habilis zu Homo erectus umfasst wesentliche Aspekte der hier vorliegenden Abhandlung.

Zum einen dürfte die bei Homo habilis über die Schimpansen-Phylogenese hinausgehend verfestigte Gruppenbindungssicherung des Individuums in diese Weiterentwicklung einbezogen sein. Das heißt, Homo habilis hatte offenbar angesichts eines erheblich verschärften Gefährdungsdruckes die Struktur der

---

[9] Dieser Begriff wird im Sinne einer vorbereitenden Anpassung verwendet.

individuellen Gruppenbindungssicherung verstärkt ausgebildet. In dieser Modifikation hat er somit aus der vorhominiden Phylogenese >tierisches< Gruppenbindungspotential in den Gen-Bestand des Homo erectus eingetragen. Zum anderen entfaltet Homo erectus die bei Homo habilis herausgebildete intellektuelle Steuerung der quasi-antizipativen Überlebenssicherung mit zunehmender Gehirngröße wahrscheinlich in markanter Weise und entwicklungsgeschichtlich entscheidend weiter. Er wird „Der Wanderer“ genannt, weil fossile Funde auf eine sehr weite Ausdehnung zwischen seinen Lebensräumen schließen lassen. „Ist ein Verhaltensmuster erst einmal verändert worden, um neuen Lebensraum zu besiedeln, können andere Einflussfaktoren ins Spiel kommen und weitere Veränderungen vorantreiben. ... Sobald (die) Beschränkung der Gehirngröße überwunden war, konnten ... viele andere Einflüsse zu einem größeren Gehirnvolumen führen.“[(K/W 28)] Zu diesen vermutbaren Einflüssen gehört an erster Stelle die Fortentwicklung einer sozialen Lebensweise. Diese könnte als sich ausdifferenzierende Rahmenvoraussetzung der Überlebenssicherung erkannt werden, wie sie etwa durch „Veränderungen in den Methoden der Nahrungsbeschaffung“, sowie hinsichtlich der zunehmend auch extrakorporalen Kompensation nachhaltig veränderter Klimabedingungen, etwa durch Kleidung, erforderlich geworden war. Mit zunehmender Komplexität und Hierarchisierung der Sozialverbände dürfte die zunehmende Vergrößerung des Gehirnvolumens einhergegangen sein. Da diese Fortentwicklung während der Phylogenese mit der Vergrößerung des Schädels in Verbindung gebracht wird, räumen, wie bereits erwähnt, die Paläanthropologen ein: „Selbst die Auswahl des Geschlechtspartners könnte eine Rolle gespielt haben.“[(K/W29)] Dabei gehen sie davon aus, dass das sogenannte Kindchen-Schema des großen Kopfes bei kleinem Körper erotisch attraktiv gewesen sein könnte.

Zwischen Homo erectus und Homo sapiens sapiens lebten der Cro-Magnon-Mensch und der Neandertaler. Für diesen gilt als durch entsprechende Funde belegt: „Die Neandertaler beerdigten ihre Toten offenbar mit Blumen“.[(K/W29)] Das wird im hier zitierten Lehrbuch als „wohl der erste Hinweis auf Religiosität“ gedeutet. Einer als behauptbar angenommenen paläanthropologischen These zufolge gilt: Der noch zur Zeit des Neandertalers auftretende Homo sapiens sapiens habe „alle anderen Hominiden (verdrängt)“. Diese >Verdrängung< sei unter Beibehaltung der Körpermerkmale jener verdrängten >anderen Hominiden< erfolgt.[(K/W29)] Die Vergrößerung der Hirnmasse bei Homo sapiens sapiens lässt jedoch zumindest auch eine weitergehende Vermutung zu. Jene >verdrängten< Hominiden, könnten an ihrer Antizipationsfähigkeit gescheitert sein. Das heißt, dass sie dieser, etwa als Neandertaler, hilflos ausgeliefert gewesen sein könnten, während Homo sapiens sapiens die phylogenetisch verankerte Todesangst, worauf noch zurückzukommen sein wird, emotionsökonomisch zu mildern >gelernt< hatte. Diese Fähigkeit könnte durch die Entwicklung der dem Neandertaler wahrscheinlich noch fehlenden Sprachausbildung möglich geworden sein.[10] Damit wäre dann jene Kommunikationsbasis gegeben,

[10] Auf die in diesem Zusammenhang zu vermutende Bedeutung der Sprache soll später eingegangen werden.

welche überhaupt erst erlaubt haben dürfte, die einleitend angesprochenen Traumbegegnungen mit den Verstorbenen hinreichend effektiv todesangstentlastend zu interpretieren. Nach paläanthropologischer Auffassung „(steht fest), dass jede Zunahme der Gehirngröße Selektionsvorteile mit sich brachte, die sich in einer Zunahme und Verfeinerung von Fertigkeiten ausdrückten, und diese verstärkten ihrerseits den Trend zu einem größeren Gehirn".[K/W31] In dieser Feststellung verlangt der primär handwerklich konnotierte Terminus >Fertigkeit< durch den zutreffenderen Begriff >Fähigkeit< ersetzt zu werden. Dieser wird auch der Befähigung zu komplexerem Sozialverhalten und zur Entwicklung einer zu vermutenden hirnorganisch-strategischen Emotionsökonomie gerecht. Als neuropsychologisch allgemein vertretbare Auffassung gilt: „Die relevante anatomische Einheit des Gehirns ist das funktionelle Areal ..., und die relevante Verhaltenseinheit ist die spezifische **Fähigkeit.**"[K/W24]

Für Homo habilis wird von paläanthropologischer Seite die Ausbildung einer überlebensrelevanten Beobachtungsgabe angenommen. Das heißt, hier hat vermutlich eine „Zunahme und Verfeinerung" spezifischer Fähigkeiten stattgefunden. Die für Homo habilis anzunehmende Befähigung ist mit sehr großer Wahrscheinlichkeit als signifikante Erweiterung der ursprünglich überlebensrelevanten Fähigkeit ständig unmittelbar lernend-nachahmender Artgenossenbeobachtung erfolgt. Diese Fähigkeit wird zunächst in höchst zuverlässiger Weise das Einüben überlebensrelevanter Verhaltensmuster gesichert haben. Hierzu gehörte auch ein Erwerb intuitiven Wissens um das jeweils zu erwartende Verhalten der Artgenossen im Sozialverband. Diese ursprünglich zur Antizipation erwartbarer Erfahrung auf Grund lernenden Beobachtens herausgebildete Fähigkeit dürfte als phylogenetisch erworbene und entsprechend fest verankerte Voraussetzung zu begreifen sein, welche Erkenntnis als Erfassen vorhersehbarer künftiger Einsichten auf Grund beobachteter Zusammenhänge prinzipiell überhaupt erst hat zunehmend menschenmöglich werden lassen. Das heißt, die biologisch im Rahmen des Überlebensimperativs hervorgetriebene Antizipationsfähigkeit dürfte mit wohl an Sicherheit grenzender Wahrscheinlichkeit dessen intellektuelle Komponente darstellen. Die Einbettung dieser durch vorkulturell geübte Artgenossenbeobachtung erworbenen Fähigkeit im unmittelbaren Bereich des überlebensrelevanten sozialen Lernprozesses scheint sich weitgehend neurowissenschaftlich bestätigt zu finden. Dafür spricht nachdrücklich, dass davon ausgegangen wird, es müsse „Systeme geben, die emotional signifikante, vermutlich artspezifische soziale Reize verarbeiten ...."[K/W355] Emotionalität wird als Parameter sozialen Verhaltens in der Struktur des Gehirns durch Läsionen und damit verbundene Verhaltensstörungen erkennbar. Das heißt beispielsweise, frontaler Kortex und Amygdala „gelten heute in bezug auf emotionale Verhaltensweisen als die wichtigsten Areale im Vorderhirn".[K/W357] Hier lokalisierte Läsionen führen zur Reduktion des sozialen Verhaltens oder zu völlig unangemessenem Sozialverhalten. Die Signifikanz der phylogenetischen Verankerung und Überlebensrelevanz emotionalen Verhaltens wird bei Läsionen des paralimbischen Kortex und der Amygdala offenbar. Von einer solchen Läsion betroffene Affen verlieren nicht nur ihre artspezifischen Aversionen, sondern auch ihre Angst vor dem Menschen. Bei freilebenden Affen führen Läsionen dieser Art zum Verlassen der Gruppe mit weitüberwiegend tödlichem Ausgang solcher Vereinzelung.[K/W358]

Diese Verflechtung von Emotion und Sozialverhalten verweist auf ihre vorkulturelle Verankerung in der phylogenetisch deutlich prästabilisierten Gruppenbindungssicherung des Individuums. Darüber hinaus trifft, wie oben ausgeführt wurde, diese Genese auch für die im biologischen Überlebensimperativ verankerte Antizipationsfähigkeit des Menschen zu. Deren Ursprung als intuitives Wissen um das erwartbare Verhalten der Artgenossen im Sozialverband wurde allem Anschein nach bei Homo habilis funktional erweitert. In diesem Zusammenhang könnte sich die Annahme einer sogenannten „Neotenie" stützen lassen. Im Rahmen dieser vermuteten Anpassung „verlangsamt sich die Geschwindigkeit der Individualitätsentwicklung und Merkmale der Jugendform der Vorfahren bleiben als adulte Merkmale bei den Nachkommen erhalten. ... Erwachsene bewahren auch einige kindliche Verhaltensmerkmale: ..., die Erkundung der Umwelt und ein flexibles Verhalten".[K/W31] Für Homo habilis könnte sich diese >Neotenie< zunächst als kompensierende Mangelerscheinung infolge der Nahrungsknappheit im zu erschließenden neuen Lebensraum eingeleitet haben. Dafür spricht die kleine Körpergröße, die als dauerhaftes Resultat aus der Entwicklungsverlangsamung geblieben sein könnte. Die dann im Erwachsenenalter noch verfügbare Umweltneugier und Flexibilität würden im Beobachten potentiell nahrungsbeschaffender Fleischfresser und in deren aasräuberisch kluger Überlistung ihre überlebensnützliche „Verfeinerung" gefunden haben.

Vergleichbares lässt sich für die im Erwachsenenalter des modernen Menschen verfügbar bleibende Lernfähigkeit erkennen. Eine solche über die Jugendentwicklung hinaus grundsätzlich fortbestehende Fähigkeit dürfte auch als prinzipieller Modus der **Erweiterung des intuitiven Wissens** um erwartbares Verhalten zur **Antizipation** möglicher künftiger Situationen zu Grunde liegen. Die so erworbene prinzipielle Antizipationsfähigkeit wird sich dann zunächst auf die Umwelterkundung erweitert und Homo habilis zur Erschließung seiner ökologischen Nische befähigt haben.

Beim Neandertaler mag die „Verfeinerung" der sozialen Bindung zur Emotion der **Wahrnehmung** des beim Tod eines Gruppenmitgliedes erlittenen Verlustes geführt haben. Im Zusammenhang damit könnte sich zunächst die weitergehende „Verfeinerung" des antizipativen Vermögens hinsichtlich des zu erwartenden Verhaltens der Anderen zur Antizipation des Todes dieser Anderen erweitert haben. Das heißt, die Fähigkeit, aus der Artgenossenbeobachtung zu erwartendes Verhalten zu antizipieren, wird zum Vorwissen vom Sterben der Artgenossen geworden sein. Die darüber hinausgreifende „Verfeinerung" dürfte zur Antizipation des **eigenen** Todes geführt und in Konfrontation mit dem rigorosen Überlebenstrieb eine emotionale Katastrophe ausgelöst haben. Welchen Anteil diese als naheliegend vermutbare Katastrophe an der existenziell entscheidenden „Verfeinerung" der irgendwie entwickelten Kommunikations-

möglichkeiten zur verbalen Sprache gehabt haben sollte, lässt sich naturgemäß ebenfalls nur vermuten.
Immerhin könnte sich unter dem Druck dieser Überlebensnot eine forcierte Fortentwicklung der phylogenetischen Vorgaben zur Sprache als primär überlebensrelevant leistungsfähiges Kommunikationsmedium vollzogen haben. Kolb und Whishaw stellen zwei einander ergänzende Sprachtheorien vor,[(K/W328ff)] die im Zusammenhang mit dem Aussterben des Neandertalers und dem Überleben des Homo sapiens sapiens an Plausibilität gewinnen.
In einer dieser beiden Theorien wird die Auffassung vertreten, dass „eine rudimentäre Sprache ... schon zur Zeit des Australopithecus ..., vor 2,5 bis 3,5 Millionen Jahren möglich gewesen sei." Die vermeintlich hierzu kontroverse Theorie besagt, „dass die Sprache, so wie wir sie verwenden, (sich) vor etwa 10 000 bis 100 000 Jahren" herausgebildet habe. Diese Theorie stützt sich auf Untersuchungen des menschlichen Stimmapparates, welche die Bedeutung der tiefen Lage des Kehlkopfes und der Größe des Rachenraumes dafür erkennen lassen, dass diese Bedingungen „dem modernen Menschen überhaupt erst ermöglichen, Sprache zu erzeugen". Weder heute lebende Menschenaffen noch neugeborene Kinder verfügen über diese Voraussetzungen „und können deshalb nicht alle Laute bilden, die in der menschlichen Sprache vorkommen". Unter Berufung auf Schädelrekonstruktionen wird angenommen, „dass auch der Neandertaler nicht in der Lage war, diejenigen Laute zu bilden, die wir für die heutige Sprache brauchen." [(K/W328)]
Die „Hypothese über die Beziehung zwischen Sprechfähigkeit und der Anatomie des Vokaltraktes" mit der Folgerung, „dass >moderne Sprache< vor 100 000 Jahren noch nicht existiert hat", wird auch von anderen Befunden der Sprach- und Schriftentstehungsforschung gestützt. So können „erste Symbole aus menschlicher Hand ungefähr 30 000 Jahre zurückdatiert werden". Sprechfähigkeit und Schriftgebrauch setzen die Fähigkeit feinmotorischer Bewegung voraus. „Die Tatsache, dass der moderne Mensch ... vor etwa 40 000 bis 100 000 Jahren erschien", spricht zumindest dafür, dass die möglicherweise schon bei Australopithecus angelegten Vorgaben eines Stimmapparates erst im Zusammenhang mit einer tiefgreifenden Weiterentwicklung des Gehirns „die hochadaptive Eigenschaft"[(K/W328)] der Sprache ermöglicht haben.
Aus neuropsychologischer Sicht „ist nicht die entscheidende Frage, wie sich der Stimmapparat verändert hat, sondern wie sich das Gehirn verändert hat, um die motorische Komponente des Mundes zu gewährleisten, so dass wir Silben erzeugen können".[(K/W329)] Diese Veränderung des Gehirns dürfte sich sehr wahrscheinlich unter dem vehementen Druck der Notwendigkeit vollzogen haben, die über den Menschen hereingebrochene Todesangst psychisch bearbeiten zu können.
Insgesamt ist es durchaus naheliegend, dass die positive „Verfeinerung" einer Sprachbildung grundlegend dazu beigetragen haben wird, jene prekäre „Verfeinerung" der Todesangsteskalation hinlänglich überlebensrelevant zu mildern. Das dürfte eine fundamentale Voraussetzung dafür gewesen sein, dass „der moderne Mensch ... der einzige Überlebende dieser Hominiden ist". [(K/W30)]

3) Die Überlebensrelevanz einer archaisch neuronalen Strategie zur Todesangstbewältigung

Unter diesem Aspekt lassen sich zunächst Überlegungen zum vermutlichen Zusammentreffen einiger entwicklungsgeschichtlich richtungweisender Faktoren anstellen. Die aller Wahrscheinlichkeit nach beim Spāthominiden auftretende Todesangst muss auf den stammesgeschichtlich vorgängig angelegten Überlebenstrieb des höheren Säugers getroffen sein.
Diese emotionale Eskalation dürfte in der späten Phylogenese zur Ausbildung eines hirnorganischen Schaltkreises im Sinne einer „Neuorganisation der inneren Ordnung des Systems (als) Generierung eines charakteristischen Aktivierungsmusters (angesichts) einer deutlichen Abweichung der aktuellen von den bisherigen Nutzungsbedingungen des Gehirns)“[11] geführt haben, der sich bezüglich des in der vorliegenden Abhandlung insbesondere interessierenden Zusammenhanges als wahrscheinlich initiale Konstitution des religionsbildnerischen Potentials begreifen lässt. Es wird wohl durchaus angenommen werden können, dass die rigide Durchsetzungskraft dieses Potentials sich aus dessen primär phylogenetischer Verankerung ergibt.
Hinsichtlich der Überlebensrelevanz dieses Potentials muss die Angst als existenzielle Befindlichkeit des Menschen in Betracht gezogen werden. „Es steht außer Frage, dass das Problem der Angst ein Knotenpunkt ist, an dem die verschiedenen und wichtigen Fragen zusammentreffen, ein Rätsel, dessen Lösung zwangsläufig eine Lichtflut auf unsere ganze Existenz werfen würde.“[12]
Bereits unter dem neurobiologischen Aspekt der Angst als Empfindung der Stressreaktion fällt auch auf die Herkunft des religionsbildnerischen Potentials einiges Licht. Es gilt hier der Spätphylogenese des Menschen, die mit dessen Auftreten als Homo sapiens sapiens für abgeschlossen gehalten wird. Diese Phylogenese war mit fortlaufender Weiterentwicklung eines immer anpassungsfähigeren Verhaltensrepertoires einhergegangen. Hierbei haben „Stressmechanismen als gerichteter Selektionsdruck (gewirkt), der nur die jeweils am besten an die neuen Anforderungen angepassten Individuen überleben – und ihre genetischen Anlagen an die Nachkommen weitergeben – lässt“.[(Hü/8f)] Immer wieder kommt es in Auseinandersetzung mit der Umwelt zur „Stressreaktion, die bei unkontrollierbaren Belastungen aktiviert wird und den Trägern ungeeigneter Verhaltensprogramme stressbedingte Unfruchtbarkeit und stressbedingte Erkrankungen bescherte“.[(Hü/9)]
Schon allein dieser Befund wirft beachtliches Licht in das paläanthropologische Dunkel um das Aussterben der Spāthominiden. Sie vermochten ganz offenbar nicht, eine zum Dauerstress eskalierte „unkontrollierbare Belastung“ überlebensrelevant psychisch zu bearbeiten. Die vermutete Geste, den Toten Blumen ins Grab zu legen, dürfte sehr wahrscheinlich kaum ein hinreichend „geeignetes Verhaltensprogramm“ gewesen sein, das Überleben der Art zu sichern.

---

[11] Vgl. Gerald Hüther; >Der Traum vom stressfreien Leben< in: Spektrum der Wissenschaft 3/99,Dossier Stress Sz. mit Hü/ im Text, hier 7 und 9

[12] Sigmund Freud, zitiert nach Spektrum der Wissenschaft, 3/99, Dossier Stress, S.7

Die Annahme liegt nahe, dass sie ihre Träume, auf deren überlebensrelevante Funktion noch näher einzugehen sein wird, nicht todesangstentlastend zu interpretieren und auch nicht hilfreich zu kommunizieren vermocht haben könnten. In wie weitem Ausmaß die Kompetenz der Angstbewältigung relevant geblieben sein dürfte, lässt sich aus der erwiesenen Überlebensrelevanz des ethnologisch gut bezeugten religionsbildnerischen Potentials schließen, welches Homo sapiens sapiens offenkundig zu entwickeln vermochte. Dass und wie dieses im Sozialverband emotional stabilisierend umgesetzte Potential deutlich zum Stressgeschehen in Beziehung zu setzen ist, ergibt sich zumal aus neurobiologischen Befunden, die sich auf jene Areale beziehen, welche auch für die soziale Verhaltenskompetenz des Individuums als relevant bekannt sind. Hierauf wird an späterer Stelle unter neuropsychologischem Aspekt zurückzukommen sein.

Unter neurobiologischem Aspekt führt Gerald Hüther zur Stressproblematik unter anderem aus: „Die Wahrnehmung neuartiger und durch assoziative Verarbeitung als bedrohlich eingestufter Reizkonstellationen geht mit der Generierung eines unspezifischen Aktivitätsmusters ... einher. Eine besondere Rolle spielt hierbei der präfrontale Kortex, eine Region, die insbesondere für die Interpretation sensorischer multimodaler Eingänge und für antizipatorische Phänomene verantwortlich ist. Die Aktivierung dieser Kortexareale bewirkt die Generierung eines charakteristischen Aktivierungsmusters im limbischen System. Innerhalb des limbischen Systems ist die Amygdala, der Mandelkern, von besonderer Bedeutung, da hier die eingehenden Erregungsmuster durch Aktivierung angeborener, phylogenetisch alter neuronaler Netzwerke mit einer affektiven Qualität versehen werden.“ [(Hü/9)]

In Hüthers Aufsatz finden sich die eminent überlebensrelevanten Probleme des archaischen Menschen in seiner Todesangstkonfrontation aufgeführt. Der Neandertaler bezeugt sein späthominides Sterblichkeitswissen, indem er seinen Verstorbenen Blumen ins Grab legt. Diese Zukunftserwartung muss Todesangstcharakter gehabt haben. Sie wird aus der „Wahrnehmung neuartiger und durch assoziative Verarbeitung als bedrohlich eingestufter“ Antizipation des unausweichlichen eigenen Todes angesichts des Sterbens der Anderen um ihn herum resultiert sein. Der einst in der jeweils bedrohlichen Situation das Überleben sichernde Stress hat – durch die unter Selektionsdruck erworbene Antizipationsfähigkeit, die sich nun jedoch offenkundig auf das Beobachtungssubjekt selbst gerichtet zu haben scheint, – in dieser eskalierenden Qualität offenbar einen Dauerstresscharakter angenommen. Dauerstress jedoch bringt „stressbedingte Unfruchtbarkeit“ mit sich. Es könnte also sehr wahrscheinlich dazu gekommen sein, dass die antizipationsbegabtesten der Späthominiden hiervon am stärksten betroffen waren. Somit wird von daher wahrscheinlich mit diesen Vorläufern des Homo sapiens sapiens der aus der Antizipationsbefähigung phylogenetisch als quasi intellektuelle Komponente des biologischen Überlebensimperativs erwachsene und langfristig planungspraktische Selektionsvorteil für diese Variante der Spezies Mensch verloren gegangen sein. Für diese Überlegung spricht zumal, dass die Stress-Situation im präfrontalen Kortex „eine Region (aktiviert), die insbesondere für die Interpretation sensorischer multimodaler Eingänge“, wie etwa das Sterben der Anderen, „und für antizipatorische Phänomene“, wie etwa das erworbene Wissen um die eigene Sterblichkeit, „verantwortlich ist“. An der Stressreaktion ist das limbische System beteiligt, wo nämlich „die eingehenden Erregungsmuster durch Aktivierung angeborener, phylogenetisch alter neuronaler Netzwerke mit einer affektiven Qualität versehen werden“. Diese phylogenetische Veranlagung betrifft hinsichtlich ihrer „affektiven Qualität“ die soziale Kompetenz des Individuums. Sie wird in durchaus naheliegender Weise auch die primär sich herausbildende Stressbewältigungsstrategie konfiguriert haben. Dank einer solchermaßen effizient verankerten Todesangstentlastungshilfe vermochte Homo sapiens sapiens offenbar den Dauerstress des erworbenen Sterblichkeitswissens psychisch zu bearbeiten. Hierzu bieten sich prinzipiell drei gleichermaßen hilfreiche Komponenten an. Zum einen könnte sich das etwa angelegte Kommunikationsrepertoire der Späthominiden bei Homo sapiens sapiens zur Frühform einer als verbal charakterisierbaren Sprache entwickelt haben. Das würde dann zur zweiten Komponente, nämlich zur Kommunikation von Trauminhalten, befähigt haben. Die ergänzende, wohl entscheidende dritte Komponente dürfte jedoch höchstwahrscheinlich durch Erweiterung der Antizipationsbefähigung bei emotionaler Assoziation aus den vermuteten Traumbegegnungen mit Verstorbenen erwachsen sein. Das Individuum durfte glauben: »wo dieser Tote jetzt ist, werde ich nach meinem Sterben auch sein«. Die Geborgenheit im Sozialverband war fortan über den Tod hinaus beruhigend zugesichert. Diese doch wohl durchaus nicht unplausible Primärverankerung des religionsbildnerischen Potentials bietet sich als Erklärung für dessen nachhaltige Unhintergehbarkeit an. Das Entstehen eines solchen Vermögens scheint offenbar in gewisser Weise den Abschluss der Phylogenese des Menschen zu kennzeichnen. Kraft dieser Fähigkeit wird ihm die Verschleierung unerträglichen Wissenmüssens möglich geworden sein.

B)
Die Fortentwicklung kommunikativer Todesangstbewältigung zur Religionsbildung

1) Vorbemerkungen

Mit der Ausbildung einer Strategie zur Todesangstbewältigung hat das Gehirn des Menschen allem Anschein nach seine phylogenetisch zu sichernde Optimierung erreicht. Es hatte >gelernt<, die emotionale Eskalation des Antizipationsvermögens durch eine effiziente Strategie zur Beschwichtigung des Überlebenstriebes auszubalancieren.
Vom Neandertaler sind Blumen als Bestattungsbeigaben gefunden worden. Der offenbar noch weiter entwickelte Cro-Magnon-Mensch hat „recht anspruchsvolle Bilder“ auf Höhlenwänden, Elfenbeinschnitzereien und Steinfiguren hinterlassen. Homo sapiens sapiens, der moderne Mensch, „ist der einzige Überlebende dieser Hominiden“[13], mit denen zugleich er während etwa 40 000 Jahren sein exklusives Überlebenstraining absolviert und im Unterschied zu jenen bestanden hat.(K/W29)
Aus paläanthropologischer Sicht gilt als ungewiss, ob zwischen den letzten Späthominiden und Homo sapiens sapiens eine Vermischung stattgefunden haben mag. Sein Überleben zeugt jedoch zumindest dafür, dass er jenes ihn überfallende Sterblichkeitswissen emotional zu kompensieren vermochte. Er hat den Tod seiner Gruppenmitglieder offenbar nicht mehr nur fassungslos mit Blumen betrauert, sondern sehr wahrscheinlich kultisch aufzuarbeiten begonnen. Das heißt, der Verstorbene wird Mitglied seiner Gemeinschaft geblieben sein, und diese könnte ihren Zusammenhalt in entscheidender Weise kraft der Interpretation des Todes als Übergang in eine andere Lebensform durch einen Totenkult befestigt haben.
Dem nunmehr stammesgeschichtlich jüngsten Menschen dürfte tatsächlich das Kommunikationsmedium Sprache bereits hinreichend zuverlässig zur Verfügung gestanden haben. Der zu dieser Zeit noch lebende Cro-Magnon-Mensch vermochte Bildnisse zu schaffen. Ob solch eine Fähigkeit als ein der Sprache vorgängiges Ausdrucksmittel aufgefasst zu werden erlaubt, sei dahingestellt. Hinsichtlich der Überlebensorganisation hat diese sich jedoch wohl als offenkundig hocheffizient erwiesen. Hierbei wird nach wie vor die Bewältigung der Todesangst ein existenzieller Faktor geblieben sein. Im Zusammenhang mit dem Gelingen dieser Todesangstbewältigung kommt der Traumproduktion des archaischen Menschen für sein Fortbestehen als Spezies wahrscheinlich grundlegende Bedeutung zu.

---

[13] Vgl. Kolb / Whishaw Lehrbuch Neuropsychologie, Seitenzahlen mit K/W im Text, hier 30

2) Geistesgeschichtliche Hinweise auf überlieferte Trauminterpretationen als vermutliche Spuren archaischer Todesangstbewältigung

Die evident ethische Tragweite des religionsbildnerischen Potentials lässt diese als dessen eigentlichen Funktionsbereich erkennen, welcher zumal die solide Verbindlichkeitssicherung zwischenmenschlicher Verhaltensnormen umfasst. Selbst für gesetztes Recht wurde und wird weitest verbreitet noch immer dieser Funktionsbereich in Anspruch genommen. Entsprechende Eidesformeln, etwa beim Antritt öffentlicher Ämter, machen das deutlich. Die zu vermutende ursprüngliche Herkunft des religionsbildnerischen Potentials aus der archaischen Todesangst konnte daher in Vergessenheit geraten.
Solches Vergessen ergibt sich jedoch auch aus dem zunehmenden Versagen seiner Beschwichtigungsfunktion hinsichtlich der Trauer beim Tode nahestehender Mitmenschen. Dieses Versagen resultiert aus dem Dilemma des zunehmend wissend gewordenen Menschen. Den denkakrobatisch und selbstüberlistend errichteten religiösen Ewigkeitsheimaten fehlt die eminente Überzeugungskraft der archaischen Traumbegegnung mit dem betrauerten Verstorbenen. Dafür, dass diese Überzeugungskraft bestanden haben muss, zeugen beispielsweise die Dementis hinsichtlich Bedeutung und Glaubwürdigkeit dieser seit den Anfängen der Geistesgeschichte überlieferten Traumbegegnungen. Mindestens ebenso alt sind die Zeugnisse für die Versuche, die verlorene Überzeugungskraft der Traumbegegnung auch durch religionskritisch philosophische Überlegungen zu kompensieren.
Für den abendländischen Kulturkreis gelten Homers Epen als frühe Quelle der Überlieferung zur Trauererfahrung seiner Helden durch „poetisch eindringliche Bilder menschlicher Trauer“[14]. Beispielsweise werden der Gott Apollon und die Schicksalsgöttinnen berufen, den trauernden Helden zu ermutigen. Die philosophischen Ansätze zur Trauerbewältigung in der Antike gelten weitestgehend dem Bemühen, die Trauer der Hinterbliebenen als völlig übertrieben erscheinen zu lassen. Das wird zum einen mit dem philosophischen Ideal des furchtlosen Sterbens begründet, wie es insbesondere für Sokrates überliefert ist. Zum anderen wird mehr oder minder spitzfindig versucht, dem Tod hinsichtlich des Lebens jegliche Bedeutung abzusprechen. Nichtsdestoweniger bleibt der Seele eine vom sterblichen Körper unabhängige Existenz zumindest als möglich unterstellt. Auch hier manifestiert sich also eine Modifikation religionsbildnerischer Invarianz.
Die geistesgeschichtlich, unter anderem bei Aristoteles, belegten Dementis hinsichtlich einer übernatürlichen Herkunft von Traumgestalten gelten >lediglich überlieferten< Annahmen, wonach solchen Traumerscheinungen göttliche Herkunft zuerkannt worden war. Dass deren „eigenständige Existenz“ bestritten wird, zeugt dafür, dass eine solche Existenz angenommen worden sein muss. Das aber verweist zunächst für das Denken der Antike auf den sig-

[14] Vgl. Historisches Wörterbuch d.Philosophie.Bd.10/1455ff, folgend Seitenzahl im Text mit HW/

nifikanten Zusammenhang zwischen Religionsbildung und ursprünglich überlieferter Trauminterpretation.

Für Augustinus ist die Annahme eines solchen Zusammenhanges belegt. Er geht davon aus, dass es „übernatürlich verursachte Träume" gebe, die „von guten oder bösen Geistern stammen (könnten)". Albertus Magnus „interpretiert die Dämonen und Engel der christlichen Tradition als körperlose himmlische Existenzen, die mittels Lichtstrahlen Einfluss auf die menschliche Seele nehmen", welche „diese Einflüsse in Bilder (umsetzt), wobei die Traumerscheinungen sich je nach dem Gemüt des Träumers und der Stärke des himmlischen Einflusses unterscheiden".[HW/1461f] Auch diese religionsbildnerischen Wiederaufnahmen jener „im Altertum verbreiteten Vorstellung", Traumerscheinungen seien göttlicher Herkunft und „hätten eine eigenständige Existenz", sprechen für eine im Überlieferungsgut zutiefst verankerte Denkstruktur, worin solche Vorstellungen offenbar bestimmten dringenden Bedürfnissen zu genügen vermochten.

Im Rahmen rein wissenschaftlicher Traumforschung sind hinsichtlich der vermuteten Herkunft des religionsbildnerischen Potentials keine Fakten zur Widerlegung dieser Vermutung erkennbar. Wohl aber gibt es Befunde, welche diese Genese recht plausibel erscheinen lassen. Dazu gehört vor allem die sowohl von Aristoteles als auch von Freud vertretene Auffassung, im Traum finde »Tagesrest«-Reproduktion statt. Weiterhin gilt für Freud: „Der Traum ist ein vollwichtiger psychischer Akt; seine Triebkraft ist alle Male ein zu erfüllender Wunsch".[HW/1465] Diese Triebkraft darf für den in Todesangst trauernden archaischen Menschen als Traumbasis wohl mit sehr großer Wahrscheinlichkeit vorausgesetzt werden. Darüber hinaus nimmt bereits Freud eine Lokalisierung der Traumproduktion „in den ältesten, unbewussten Regionen" des Gehirns an.

Dort aber lassen neueste Befunde der Hirnforschung das Emotionsgeschehen vermuten. Damit liegt eine Verbindung zwischen Traumproduktion und archaischer Todesangst nahe. Diese Einschätzungen des Traumgeschehens sprechen insgesamt für die Annahme, dass die archaische Traumbegegnung mit Verstorbenen jene ursprüngliche Angstbewältigungsstrategie eingeleitet haben dürfte, deren Funktion sich höchstwahrscheinlich als ganz entscheidender Faktor in der religionsbildnerischen Erweiterung der Traumbegegnungsinterpretation fortsetzt. Dass die Todesangst philosophisch wie überhaupt intellektuell ganz offenbar nicht wirklich außer Kraft gesetzt werden kann, erweist sich in ihrer fortbestehenden ethischen Relevanz. Das religionsbildnerische Potential hat zwar die Überzeugungskraft der archaischen Traumbegegnung mit dem Verstorbenen an das >wissend gewordene< Gehirn verloren, mit der Herausbildung der angeblich todesüberwindenden Glaubensgebäude wird jedoch zumal die bleibende Todesangst der Gläubigen in moralischen Sanktionengefügen mehr oder minder rigoros instrumentalisiert.

3) Religionsbildung als Kulturbasis und Sozialisationsfaktor unter neurowissenschaftlichen Aspekten

Mit der Fähigkeit, beobachtetes Geschehen als auch künftig mögliches Geschehen deuten zu können, muss sich wohl aus der Angst vor solchen Wiederholungen das Verlangen zur Einflussnahme auf etwa bevorstehende Ereignisse entwickelt haben. Solches Verlangen impliziert Wunschdenken hinsichtlich zu erwartender Vorkommnisse. Wünsche aber bedürfen einer Erfüllungsinstanz. Was also wäre naheliegender, als etwa den Regen zu bitten, er möge aufhören oder — nach todbringender Trockenheit — endlich herbeikommen? Das zu jagende Tier ausdauernd beobachtet zu haben, garantiert den Jagderfolg nie. Also konnte der Gedanke, es möge sich erlegen lassen, zur Bitte ins Ungewisse werden. Aus diesem Ungewissen hat im Erfolgsfalle eine Instanz werden können, die dann nach Misserfolgen als beeinflussbare Macht gedacht werden musste. Der Mensch wird also begonnen haben, die ihn in ihrer erkannten Übermacht unmittelbar umgebenden Naturgewalten anzusprechen. Es mögen Rituale erfunden worden sein, sie um Hilfe zu bitten, ihren vermeintlichen Zorn zu besänftigen und ihnen zu danken. Diese Instanzen mussten somit für den Menschen ansprechbar, das heißt von der Sprache her, mit Charakterzügen des Menschen ausgestattet werden. Da er sich jedoch nicht im Entferntesten als alle Natur um ihn herum überragend erleben konnte, brauchte ihre Gestalt als solche schon allein deshalb der des Menschen durchaus nicht zu entsprechen. Die blieb vermutlich vorerst den zu verehrenden Toten vorbehalten. Auch sie mögen als den Naturgewalten nicht mehr ausgeliefert betrachtet und gegen diese um Hilfe gebeten worden sein. Möglicherweise wurde den Verstorbenen sogar eine übernatürliche Verhandlungsebene zu jenen Gewalten zugetraut.
Aus diesen wenigen mutmaßlichen Anhaltspunkten geht einerseits bereits hervor, dass jeder Lebensraum jeweils spezifischer Instanzen bedurfte. In jedem jener frühen Sozialverbände muss es zudem mit an Sicherheit grenzender Wahrscheinlichkeit Individuen gegeben haben, die sich durch eine spezifische Begabung für den Umgang mit jenen Instanzen auszeichnen konnten. Solcherart religionsbildnerisch >begabte< Individuen könnten auf Grund der ihnen sicherlich entgegengebrachten besonderen Wertschätzung möglicherweise sogar Vererbungsvorteile gehabt haben, jedenfalls jedoch dürfte ihnen gesellschaftlicher Einfluss erwachsen sein. Damit könnte sich das wahrscheinlich aus der prekären Konfrontation zwischen Todesangst und Überlebenstrieb hervorgebrachte religionsbildnerische Potential als fundamentaler Faktor jeglicher Sozialstruktur menschlicher Gemeinschaften begreifen lassen. Angesichts der sehr unterschiedlichen Lebensräume dieser Sozialverbände muss dann die jeweilige Ausreifung dieses Potentials zu jenen spezifischen Kulten und Kulturen erfolgt sein, wie sie sich ethnologisch und kulturanthropologisch haben bezeugen lassen.

Andererseits reift das Gehirn, nicht nur das des Menschen, in der Auseinandersetzung mit seiner jeweiligen Umgebung aus.[15] Hinsichtlich der Bedeutung, welche der Auseinandersetzung des Gehirns mit der Umwelt für seine Ausreifung zukommt, verweist Wolf Singer auf Kaspar Hauser.(WS/50) Die wissenschaftliche Dokumentation dieser sozialen Verstümmelung eines Menschen mag versäumt sein. Das beeinträchtigt die Aussagekraft dieser Biographie in keiner Weise. Hier hat sich vorwissenschaftlich ein Beweis dafür zugetragen, dass das intellektuelle Potential des Menschen sich nur in Auseinandersetzung mit einer dessen neuronaler Grundlage angemessenen Umwelt entwickeln kann.
Singers Hinweis macht deutlich, dass dem gut erforschten visuellen System hinsichtlich der ontogenetischen Ausreifung des Gehirns insgesamt Beispielcharakter unterstellt wird. Auch für den archaischen Menschen muss gegolten haben, „dass höher entwickelte Gehirne während der Ausbildung ihrer kognitiven Funktionen auf Wechselwirkungen mit der Umwelt angewiesen sind".(WS/64) Die Umwelt des Menschen umfasst den engeren Sozialverband und dessen weiteren Lebensraum. Die Ausreifung des religionsbildnerischen Potentials wird sich also evidentermaßen immer schon im Rahmen der jeweiligen Sozialisation des Individuums zum Mitglied seiner Gemeinschaft vollzogen haben müssen.
Aus Antonio Damasios ausführlicher Darstellung der Zusammenhänge zwischen Läsionen bestimmter Gehirnareale und jeweils spezifischem Verlust sozialer Kompetenz[16] lässt sich darauf schließen, dass dieses äußerst komplexe Vermögen des Menschen sich im stammesgeschichtlich älteren, partiell sogar ältesten Teil seines Gehirns primär verbindlich angelegt findet. Dieser Bereich wird bei Damasio als limbischer Kortex oder limbisches System bezeichnet, „das eine Art Sammelbezeichnung für zahlreiche **evolutiv ältere** Strukturen (sei)"(Da/57)
Damasio stellt eine ganze Reihe empirisch abgesicherter Beispiele dafür vor, dass emotionales Vermögen und Kompetenz sozialen Handelns und Verhaltens weitestgehend identisch sind, sowie dass Läsionen im Bereich eben jenes limbischen Systems mit dem Verlust oder mit starker Beeinträchtigung emotionalen Erlebens wie auch sozialer Kompetenz einhergehen.
Damasios erkenntnisleitendes Anliegen gilt dem neurowissenschaftlichen Nachweis der Einheit von Körper und Geist, das heißt, insbesondere der Körperlichkeit des Geistes, des Intellektes, der Seele. Indem er diese Körperlichkeit in den „evolutiv älteren" Bereichen des Gehirns lokalisiert, zeigt er zugleich die Überlebensrelevanz dieser auch theoretisch nicht zerlegbaren Einheit auf. Für alle dargestellten Beispiele Damasios gilt, dass die betroffenen Menschen ihre primäre Charakterstruktur jeweils durch eine Hirnverletzung im Bereich des limbischen Systems eingebüßt haben. Obgleich sie ihre kognitiven Fähigkeiten weiterhin besaßen, vermochten sie diese nicht mehr in sozial angemessener Weise einzusetzen. Hierbei ergaben sich gewisse Unterschiede,

---

[15] Hierfür liegen in der neueren Hirnforschung signifikante Belege vor. Vgl. Wolf Singer; >Hirnentwicklung und Umwelt< in: Spektrum der Wissenschaft Heidelberg März 1985 Verweise mit WS/Seitenzahl im Text
[16] Dieser Begriff lässt sich als Sozialverhaltenskompetenz begreifen, welche Handeln als Verhalten impliziert.

die sich aus den jeweils enger spezifischen Läsionsbereichen erklären lassen. In allen Fällen hat Damasio jedoch den irreversiblen Verlust emotionalen Erlebens feststellen müssen.
Im Rahmen des in der vorliegenden Abhandlung verfolgten Anliegens sind Damasios Befunde in zweierlei Hinsicht von Bedeutung. Sie belegen zum einen, dass das limbische System mit seinen „zahlreichen **evolutiv älteren** Strukturen" für die Entwicklung und Aufrechterhaltung emotionaler und sozialer Kompetenz des Individuums unverzichtbar und im Großbereich phylogenetisch fest vorgegebener Strukturen des Gehirns angelegt ist. Diese Befunde dokumentieren zum anderen die rigide Irreversibilität einer Beeinträchtigung dieser Kompetenz. Es tritt keine Funktionsübernahme durch hierfür geeignete, etwa >lernend< erschließbare Ersatzstrukturen ein.
Darüber hinaus lässt selbst die jeweils spezifische Ausprägung des Charakterverlust-Syndroms empirisch gestützte Rückschlüsse auf die Primärausreifung dieser Charaktere in ihrer jeweiligen Umwelt zu. Der einstmalige Vorarbeiter im Schienenlegertrupp fristete sein emotional verstümmeltes Leben letztendlich als Jahrmarktsattraktion. Der ehemalige Inhaber eines „guten Postens in einem Wirtschaftsunternehmen" [(Da/65)] hatte weder sein soziales Wissen noch die erworbenen Moralnormen verloren. Wohl aber war er nicht mehr fähig, dieses Wissen bei irgendeiner Entscheidungsfindung angemessen einzusetzen. Aus dieser Unfähigkeit erwuchs ihm auf Grund seiner anderen Primärsozialisation eine andere Ausprägung seines Verlustsyndroms als dem einstigen Vorarbeiter im Neuengland des 18.Jahrhunderts.
Von dieser Feststellung aus lässt sich auch das Phänomen der Vielfalt der archaisch sich herausbildenden Kulturen unter neurowissenschaftlichem Aspekt erhellen. Dafür sprechen neueste Ergebnisse der Hirnforschung, die sehr deutlich erkennen lassen, dass das Gehirn des Individuums in der Auseinandersetzung mit seiner jeweiligen Umwelt ausreift. Für das visuelle System gilt diese Erkenntnis als ziemlich weitgehend empirisch belegt. Im Zusammenhang mit der vorliegenden Abhandlung sind diese Befunde insofern von besonderem Interesse, als der Ausreifungsprozess des visuellen Systems für die Ausreifung des Gehirns insgesamt charakteristisch zu sein scheint. Die Erforschung des visuellen Systems hat zu Tage gefördert, dass zumindest hierfür gilt: „Signale aus der Umwelt optimieren offenbar die zunächst ungenaue Verschaltung der Nervenzellen." Die über das visuelle System hinausweisende Bedeutung dieses Forschungsergebnisses macht Wolf Singer, wie bereits erwähnt, durch seinen Hinweis auf Kaspar Hauser deutlich.[(WS/50)]
Hinsichtlich der Funktionstüchtigkeit des visuellen Systems konnte in Experimenten an Affen und Katzen empirisch nachgewiesen werden, „dass höher entwickelte Gehirne während der Ausbildung ihrer kognitiven Funktionen auf Wechselwirkungen mit der Umwelt angewiesen sind". Für das visuelle System gilt des weiteren als zuverlässig erwiesen: „Damit solche erfahrungsabhängigen Selektions- und Optimierungsprozesses erfolgreich ablaufen können, müssen ... die visuellen Signale nicht nur vorhanden sein, sondern den vorgegebenen Antworteigenschaften der zu optimierenden

Nervennetze auch hinreichend genau entsprechen. Ferner muss sich der Organismus in ganz bestimmten Zuständen befinden, wobei ... vielleicht sogar Motivation eine Rolle spielen dürfte.“(WS64)

Sofern diese Befunde für die Ausreifung des Gehirns insgesamt als paradigmatisch angenommen werden können, „müssen die [sozialen] Signale nicht nur vorhanden sein, sondern den vorgegebenen Antworteigenschaften auch hinreichend genau entsprechen“. Hinsichtlich des zu vermutenden religionsbildnerischen Potentials würde das zum einen heißen, seine Ausreifung erfolgt als Optimierung einer phylogenetisch überlebensrelevant verankerten Konfiguration von „Antworteigenschaften“. Zum anderen befindet sich das Individuum als „Organismus in ganz bestimmten Zuständen ... wobei ... Motivation eine Rolle spielen dürfte“. Zumindest das Individuum des archaisch frühkulturellen Sozialverbandes dürfte zweifelsohne überlebensrelevant >motiviert< gewesen sein, die Umweltsignale >passend< zu beantworten.

Eben weil hierbei, wie Singer ausführt,(WS/64) „höher entwickelte Gehirne während der Ausbildung ihrer kognitiven Funktionen auf Wechselwirkungen mit der Umwelt angewiesen“ waren, traten die anzusprechenden Instanzen als Personifikationen jeweils regionaltypischer Umweltgewalten in das entsprechende Kultgeschehen ein. Jedes Individuum wurde und wird also in einen Sozialverband seiner spezifisch erschlossenen Kultur hineingeboren. Unter dem Aspekt der für das archaische Individuum eminenten Überlebensrelevanz dieser Geborgenheit im Sozialverband dürfte der individuelle Sozialisationserfolg von höchstem Selektionswert, das heißt strenges Vererbungskriterium gewesen sein. Unter dem Einfluss dieses Kriteriums wird sich das der archaischen Sozialisation zu Grunde liegende religionsbildnerische Potential als ein kulturspezifisches >Talent< von Generation zu Generation effizienter vererbt haben können. Für die Wahrscheinlichkeit dieser Genese der Kulturspezifität spricht beispielsweise der neurowissenschaftliche Befund, dass die Ausreifung der dem Sprachvermögen zu Grunde liegenden Hirnareale in Abhängigkeit vom jeweiligen Sprachraum der Sozialisation erfolgt.[17] Das heißt, eine Sozialisation im fernöstlichen Sprachraum - etwa des Japanischen - geht mit der Ausbildung einer spezifischen, etwa von der indo-europäischen zu unterscheidenden Struktur des >Sprachzentrums< im Gehirn einher. Hierbei ist die genetische Herkunft des Sozialisationssubjektes ohne Bedeutung. Sehr wahrscheinlich ist die Plastizität dieser Strukturen, die sich an der Schwelle von der Phylogenese zu den Ontogenesen herausgebildet zu haben scheinen,[18] erheblich weitreichender als das für die „evolutiv älteren Systeme“ anzunehmen sein wird. Deren verfestigte Invarianz-Komponente liegt offenbar ihrerseits der Rigidität des religionsbildnerischen Potentials hinsichtlich seiner kritisch intellektuellen Aufarbeitung zu Grunde. Diese Widerständigkeit ergibt sich vermutlich aus der quasi antagonistisch beschwichtigenden Verflechtung der religions-

---

[17] Vgl. Reiner Hedrich; >Erkenntnis und Gehirn< Schöningh Paderborn 1998, Verweise unter RD/Sz. hier 189f

[18] Diese Plastizität des Sprachzentrums spricht für die Theorie des Spracherwerbs in der Phase der sich vollendenden Phylogenese des Menschen als Homo sapiens sapiens. Vgl. K/W328f

bildnerischen Befähigung mit dem vom biologischen Imperativ hervorgebrachten Antizipationsvermögen. Darauf wird im zweiten Teil der vorliegenden Studie zurückzukommen sein. Von dort her wird die fortlaufend sich bestätigende Durchsetzungskraft der religionsbildnerischen Invariante zum einen die Wahrscheinlichkeit der phylogenetischen Verankerung des derart rigiden religionsbildnerischen Potentials unterstützen. Zum anderen wird sich die Religionsbildung von ihrer invarianten Grundstruktur her als Kulturbasis und Sozialisationsfaktor in ihrer ethischen Dimension wiedererkennen lassen.

4) Psychoanalytische Aspekte zur Herkunft des religionsbildnerischen Potentials

Sigmund Freud stellt seine Frage nach einer religionsbildnerischen Schlüsselkonstellation unter dem Aspekt des Vater-Sohn-Konfliktes vor dem Hintergrund sexueller Konkurrenz. Dieser Ansatz entspricht Freuds grundsätzlicher Einschätzung der Sexualität als Triebkraft menschlichen Handelns und Verhaltens überhaupt. Darüber hinaus wird die tatsächliche Vielfalt sich herausbildender Kulte auf den Monotheismus hin zentriert.
Für das in der vorliegenden Abhandlung verfolgte Anliegen birgt Freuds Konzept zunächst zwei wesentliche Komponenten. Zum einen sind sowohl Überlebens- als auch Fortpflanzungstrieb Implikate des phylogenetisch gesicherten biologischen Imperativs. Zum anderen dürfte das Austragen der Konkurrenz um die Fortpflanzungsdominanz in Verbindung mit der evolutiv erworbenen Antizipationsfähigkeit die brisante Dimension des Generationen- beziehungsweise Bruderkampfes angenommen haben. Freuds Geschichte von den verbündeten Brüdern, die den Vater töten,[19] um ihn als ihrer aller Fortpflanzungskonkurrenten zu beseitigen, bringt die eigentliche >Grenzüberschreitung< im Naturraum zwischen Primatenhorde und Hominidenverband nicht zur Sprache. Der vermutete „Kulturfortschritt ... einer neuen Waffe“(F/IX/426) siedelt das Szenarium einerseits in bereits etablierten Kulturzusammenhängen an. Andererseits spricht Freud von einer Urhorde kannibalischer Wilder. Ungeachtet ihres spekulativen Charakters veranschaulicht Freuds Geschichte den gravierenden Unterschied zwischen stammesgeschichtlich, das heißt zugleich evolutionschronologisch, deutlich voneinander zu unterscheidenden Rivalitätsaustragungen. Der vorhominide Dominanzkampf pflegte dank des Überlebenstriebes mit der Niederlage, nicht aber mit dem Tode des Schwächeren zu enden. Sobald der Überlebenstrieb des Späthominiden oder des früharchaischen Menschen jedoch zur Todesangst eskaliert und sich mit dem Intellekt verbündet, behauptet der Stärkere das Terrain möglicherweise als Bruder- oder eben auch Vatermörder. Dieser hatte dann einen ja irgendwie noch zum Sozialverband gehörenden Toten zum fortan nicht mehr angreifbaren Gegner. Fast dürfte diese Konstellation etwaige Geschichten, wie diejenige Freuds verhindert haben. Wohl aber kann vermutet werden, dass tatsächlich ein

[19] Vgl. Sigmund Freud; Werke Studienausgabe Bd. IX, Hinweise mit F/Bandnummer/Seitenzahl im Text.

Mechanismus zur wirksamen Verhinderung sexueller Rivalität bei enger Verwandtschaft sich irgendwie hat herausbilden müssen, um derart tödliche Entscheidungskämpfe zu vermeiden. Hierzu dürften mehrere Faktoren beigetragen haben. Zum einen hatte der Überlebende den Sozialverband empfindlich geschädigt, indem er diesen eines Mitglieds beraubte. Das war hinsichtlich der Überlebensinteressen der Gruppe ein gravierender Verlust. Zum anderen musste sich in einem Rivalenkampf zwischen jeweils Späthominiden oder früharchaischen Menschen eine emotionale Eskalation aus Fortpflanzungsbegehren und Todesangst ereignet haben. Darüber hinaus hatte der Überlebende ja zu wissen >gelernt<, dass dieses eben vorgefallene Geschehen sich würde künftig erneut ereignen können. Er wusste auch, dass dann er selbst der Unterlegene, das heißt, der Tote sein könnte. Weil diese warnende Sequenz der Antizipation in der Rage der jeweils unmittelbaren Auseinandersetzung aussetzt, mussten solche Sexualkonkurrenzen zwischen nahen Verwandten im Vorfeld ihres Entstehens vermieden werden. Daraus dürften sich Exogamie und Inzestscheu ergeben haben. Die totemistische Erweiterung der Exogamie lässt sich von daher als bannkreisartig wirksame Absicherung gegen jegliches innerhalb eines engeren Sozialverbandes aufkommende Begehren bei dessen subdominanten Mitgliedern auffassen. Die somit vermutlich archaisch eingeübte Vermeidung etwaiger Eskalation aus Fortpflanzungsbegehren und Todesangst bietet sich als Ursprung jenes >Triebverzichtes< an, dem die Menschheit nach Freuds Auffassung so viel zu verdanken hat. Die enorme Brisanz sexueller Rivalität innerhalb des Sozialverbandes musste eine Lösung dieses Problems im Wirkungsbereich des kultisch-religionsbildnerischen Potentials erzwingen, denn nur dieser Einflussbereich schloss jene vermeintliche Gegend ein, wo die Toten weiterlebten. Auch mögen Traumbegegnungen den siegreichen Rivalen heimgesucht haben und auf dem Wege der Kommunikation wirksam geworden sein. Dieses Potential lässt sich somit als Grundlage der (primär wohl durchaus für die Spezies überlebensrelevanten) sozial erzwungenen Triebökonomie schlechterdings nicht übersehen.

Freud referiert in seiner Abhandlung >Totem und Tabu< zeitgenössische Auffassungen zum Totemismus. Hierbei kommt den zu Grunde liegenden ethnologischen Befunden für das in der hier vorliegenden Studie verfolgte Anliegen insofern Bedeutung zu, als sie die weltweite Verbreitung des Totemismus in unterschiedlichen Ausprägungen bezeugen.[F/IX/297/Fn.] Freud selbst erörtert den Totemismus unter dem enger gefassten Aspekt des Kulturphänomens der Inzestscheu und gelangt schließlich über die oben erwähnte Geschichte zum Ödipuskomplex, dem ja sein ganz besonderes Interesse gilt.

Sigmund Freud begreift die sexuelle Rivalität zwischen Vater und Sohn als archaischen Schlüsselkonflikt, der die kulturelle Entwicklung menschlicher Sozialverbände erzwungen habe. In seiner Schrift >Die Zukunft einer Illusion< legt er seinem vordergründig klar atheistischen Denkmodell so stillschweigend wie selbstverständlich den Monotheismus zugrunde. Von daher bietet sich ihm das jüdische Patriarchat als Grundverfassung jeglicher Religion an. Seinem patriarchalen Selbst- und Weltverständnis gemäß interpretiert er die primäre Religionsbildung als Befriedigung des infantilen Bedürfnisses nach einer väterlich beschützenden Strafinstanz. Er appelliert an den seiner archaischen Pubertät entwachsenen Menschen, die Religion als Illusion zu erkennen und als erwachsener Mensch das kulturelle Patriarchat mit dessen vermeintlich unverzichtbaren Notwendigkeiten auf sich zu nehmen. Selbst Freuds psychoanalytisch aufgeklärtes Weltbild lässt hier die seinem Denken zu Grunde liegende religionsbildnerische Invariante erkennen.

Hinsichtlich der zu vermutenden Religionsentwicklung schließt Freud sich weitgehend den einschlägigen Auffassungen seiner Zeit an. Das heißt, auch er geht davon aus, dass die Vielgötterei eine Übergangsform zwischen Totemismus und monotheistischer Vatergott-Religion gewesen sei. Des weiteren betrachtet auch er die Personifizierung der Naturphänomene als eine naheliegende und plausible Voraussetzung für deren Vergöttlichung. Auf diese Strategie beruft er sich selbst angesichts der Kulturverdrossenheit des Menschen im 20. Jahrhundert. Während die Kultur dem Menschen Entbehrungen auferlege und ihn vor den Mängeln des Sozialgefüges nicht zu schützen vermöge, helfe sie ihm dennoch, sich „gegen die Übermächte der Natur, des Schicksals, zur Wehr“ zu setzen. „Die Kultur ... macht nicht halt in der Erledigung ihrer Aufgabe, den Menschen gegen die Natur zu verteidigen, sie setzt sie nur mit anderen Mitteln fort. ... Mit dem ersten Schritt ist bereits viel gewonnen. Und dieser ist, die Natur zu vermenschlichen. Wenn in den Elementen Leidenschaften toben wie in der eigenen Seele, ... wenn man überall in der Natur Wesen um sich hat, wie man sie aus der eigenen Gesellschaft kennt, dann atmet man auf, ... kann seine sinnlose Angst psychisch bearbeiten. Man ... kann zum mindesten reagieren, ... kann versuchen, sie zu beschwören, beschwichtigen, bestechen, raubt ihnen durch solche Beeinflussung einen Teil ihrer Macht.“[(F/IX/150)] Freud stellt zum einen eine Analogie her zwischen der zu vermutenden Situation des archaischen Menschen und der Befindlichkeit des Menschen in der Gegenwart des 20.Jahrhunderts. Zum anderen bindet er diese Befindlichkeit des religionsabhängigen Erwachsenen an die des Kindes, das dieser einst war. „Denn in solcher Hilflosigkeit hatte man sich schon einmal befunden als kleines Kind seinem Elternpaar gegenüber, das man Grund hatte zu fürchten, zumal den Vater, dessen Schutzes man aber auch sicher war gegen die Gefahren, die man damals kannte.“ Freud beruft sich auf die klinisch, das heißt für ihn psychoanalytisch gesicherte, durch Träume illusionsbildnerisch gewährte Entlastung und Wunscherfüllung, und er zieht religionsbildnerische Vergleiche. „Ähnlich macht der Mensch die Naturkräfte nicht einfach zu Menschen, mit denen er wie mit seinesgleichen verkehren kann, ... sondern er gibt ihnen Vatergestalt, macht sie zu Göttern, folgt dabei nicht nur einem infantilen, sondern auch ... einem phylogenetischen Vorbild.“[(F/IX/151)] Erst mit dem modernen Fortschritt der Naturwissenschaften sieht Freud die göttliche Kompetenz auf >das Moralische< als deren einzig verbliebene >Domäne< konzentriert. „Den Kulturvorschriften selbst wird göttlicher Ursprung zugesprochen.“[(F/IX/152)]

Freud unterstellt dem archaischen Menschen, er habe die Naturkräfte zu Göttern **gemacht**. Das dürfte als eine auf psychoanalytische Einsichten gestützte

Befundfeststellung aufzufassen sein. Dieses >Göttermachen< wird sich, wie oben bereits ausgeführt worden ist, mit großer Wahrscheinlichkeit als religionsbildnerische Erweiterung der Strategie archaisch kultischer Todesangstbewältigung vollzogen haben. Das primäre Aufkommen einer solchen Strategie hatte sich als psychische Bearbeitung der Bedrohtheit bewähren müssen. Hierbei dürfte die Traumarbeit des früharchaischen Menschen kraft ihres tröstenden Wunscherfüllungscharakters eine spezifisch entlastende Leistung erbracht haben. Diese Annahme lässt sich unter Berufung auf Freuds psychoanalytisch fundierte Erkenntnisse stützen. Hierzu schreibt er 1900 in seiner Abhandlung >Die Traumdeutung<: „Der Traum ... ist ein vollgültiges psychisches Phänomen, und zwar eine Wunscherfüllung.“(F/II/141) 1916 vertritt er in seiner Vorlesung über Kinderträume die Auffassung: „Der Traum des Kindes ist die Reaktion des Seelenlebens im Schlafe auf ein Erlebnis des Vortages.“[20](FV/122) Darüber hinaus erschließt er in seiner späteren Abhandlung >Die Zukunft einer Illusion< spezifisch psychoanalytische Aspekte denkbarer Gemeinsamkeiten zwischen ihm berichtetem Kindertraum und archaischem Umweltbegreifen. Das heißt, er unterstellt Gemeinsamkeiten zwischen der in Entwicklung begriffenen Psyche des gegenwärtigen Kindes und der sich, dieser vermutlich analog, primär herausbildenden Befindlichkeitskonstitution des archaischen Menschen.(F/IX/150ff)

Freuds Abhandlung >Die Traumdeutung< enthält sehr wesentliche Hinweise auf durchaus anzunehmende Bezüge zwischen Traumgeschehen und archaischer Befindlichkeit. Seine psychoanalytischen Einsichten legen nahe, dass dem Traum des Späthominiden und dem des früharchaischen Menschen hinsichtlich der psychischen Bearbeitung seines aufgekommenen Sterblichkeitswissens eine Schlüsselfunktion zu unterstellen ist. Diese wird sich, über die frühkultische Vergewisserung der Traumbegegnung mit Verstorbenen hinaus, vermittels geträumter Ansprechpartner aus der bedrohlichen Umwelt erweitert haben. Die grundsätzliche archaische Glaubwürdigkeit des Traumgeschehens dürfte sich aus dessen Effizienz hinsichtlich der primären Todesangstbewältigung erklären. Die dann wahrscheinlich erfolgte Fortentwicklung dieser Strategie hilfreicher Traumbegegnungen lässt sich als Reaktion auf die Erweiterung des Bedrohtheitswissens angesichts der als übermächtig erlebten Naturgewalten begreifen. Auf deren offenbar nicht eingeübtes >Verhaltensrepertoire< hin hat das genetisch erworbene Muster menschlichen Antwortverhaltens modifiziert werden müssen. Hierfür lässt sich sehr wahrscheinlich zunächst eine Überformung der inzwischen eingeübten Todesangstbewältigung mit Hilfe modifizierter Traumbegegnungen annehmen. Der Totemismus bietet sich dann als wahrscheinliche Manifestation einer gelungenen Erweiterung der Traumgrundlagen über die Verstorbenenbegegnung hinaus an. In seiner Abhandlung >Totem und Tabu< schreibt Freud: „Unter noch nicht genügend festgestellten Bedingungen werden innere Wahrnehmungen auch von Gefühls- und Denkvorgängen wie die Sinneswahrnehmungen nach außen projiziert, zur Ausgestaltung der

[20] Vgl. S.F. Vorlesungen zur Einführung in die Psychoanalyse Fischer Ffm. 1992;FV/Seitenzahl

Außenwelt verwendet."(F/IX/354) Erstaunlicherweise bezieht Freud den Traum, den er als „vollgültiges psychisches Erlebnis"(F/II/141) erkennt, in seine Überlegungen zur Genese des Totemismus wie auch hinsichtlich des Animismus nicht ein. Indem er seiner Fragestellung, als einer Art Grundlagenforschung, unter dem Aspekt der Psychoanalyse nachgeht, erhellt er zum einen Zusammenhänge zwischen Traumgeschehen und psychischen Befunden. Zum anderen legt er im Totemismus ein deutlich kulturbildnerisches Schlüsselstadium bloß. Die naheliegende Verbindung vom oben zitierten Gedankengang zu seinen eigenen Erkenntnissen bezüglich des Traumes stellt er jedoch nicht her. Wohl aber sieht er sich „zur Erwartung veranlasst, durch die Analyse der Träume zur Erkenntnis des Menschen zu kommen", Einblick in die phylogenetische Kindheit des Menschengeschlechts zu gewinnen.(F/II/524)

Hinsichtlich des in der vorliegenden Abhandlung verfolgten Anliegens einer plausiblen Antwort auf die Frage nach der wahrscheinlichen Genese des religionsbildnerischen Potentials drängt sich der Totemismus als Zeugnis einer kultischen Erweiterung der angstentlastenden Trauminterpretation geradezu auf. Die Indizien finden sich in Freuds Abhandlung >Die Traumdeutung<. Hinsichtlich der oben zitierten „Bedingungen" einer Projektion innerer Wahrnehmungen nach außen hat der Traum gemäß Freuds eigener Erkenntnis folgendes zu bieten: „Die Möglichkeit, Mischbildungen zu schaffen, steht obenan unter den Zügen, welche den Träumen so oft ein phantastisches Gepräge verleihen, indem durch sie Elemente in den Trauminhalt eingeführt werden, welche niemals Gegenstand der Wahrnehmung sein konnten. Der psychische Vorgang bei der Mischbildung im Traume ist offenbar der nämliche, wie wenn wir im Wachen einen Zentauren oder Drachen uns vorstellen oder nachbilden."(F/II/321) Was liegt in der Situation des archaischen Menschen näher, als ein Traum, worin ein beängstigendes Umweltphänomen Gestalt annimmt und mit sich reden lässt? „Der Traum ... ist eine Wunscherfüllung." Das dürfte ihn zur unentbehrlichen Voraussetzung einer Ausbildung jenes religionsbildnerischen Potentials qualifiziert haben, das dem archaischen Menschen die psychische Bearbeitung seiner prekär gewordenen Überlebensbedingungen zu ermöglichen vermochte. Was spricht angesichts der Erkenntnis, dass „der Traum halluziniert", dagegen, dass das Totemtier sich primär im Traumgeschehen seines Clans angesiedelt hat? Hierbei dürfte sich ausgewirkt haben, „dass man beim Träumen ... zu erleben vermeint, die Halluzination also mit vollem Glauben aufnimmt".(F/II/73f) Darüber hinaus gilt für jeden Traum, dass in ihm „eine Anknüpfung an ein Erlebnis des letztabgelaufenen Tages aufzufinden ist".(F/II/179) Diese Anknüpfung muss sich dem archaischen Menschen als Zeugnis der Verbindung zwischen Traumgeschehen und Umweltsituation dargeboten haben. Dieser Annahme entspricht auch eine weitere Tatsache, die Freud hervorhebt. „Der Traum gebraucht ... das Präsens ..., die Zeitform, in welcher der Wunsch als erfüllt dargestellt wird." Diese Erfüllung findet sich „in sinnliche Bilder verwandelt ..., denen man dann Glauben schenkt und die man zu erleben meint".(F/II/511f)

Wie sich der Werdegang eines Totems aus der primären Traumbegegnung zum Ahnen eines Clans im Detail vollzogen haben könnte, braucht hier nicht entworfen zu werden. Es scheint jedoch nahe zu liegen, den Totemismus als ein der Vergöttlichung personifizierter Naturphänomene vorausgehendes religionsbildnerisches Kulturphänomen aufzufassen. Dafür spricht auch ein Verweis Freuds auf eine antike Traumtheorie. Diese ist aus dem vierten Jahrhundert vor unserer Zeitrechnung überliefert und lässt leicht auf die Wahrscheinlichkeit einer traumgestützten Vergöttlichung personifizierter Naturphänomene schließen. Der bei Freud zitierte Arzt Herophilos unterscheidet „drei Arten von Träumen: <1.> gottgesandte, <2.> natürliche, welche entstehen, indem die Seele sich ein Bild dessen schafft, was ihr zuträglich ist und <3.> gemischte, die von selbst entstehen, wenn wir das sehen, was wir wünschen".[(F/II/150Fn)] Zweifellos liegt dieser Traumtheorie tradiertes Kulturwissen zugrunde, von welchem wohl auch gelten dürfte, „dass die Symbolgemeinschaft in einer Anzahl von Fällen über die Sprachgemeinschaft hinausreicht".[(F/II/347)]

Einen sehr wesentlichen Aspekt spezifischen Traumgeschehens spricht Freud nur beiläufig an. Er erwähnt, es gebe „Personen, bei denen die nächtliche Festhaltung des Wissens, dass sie schlafen und träumen ganz offenkundig wird und denen also eine bewusste Fähigkeit, das Traumleben zu lenken, eigen scheint".[(F/II/544)] Hinsichtlich der religionsbildnerischen Bedeutung des archaischen Traumvermögens dürften solche Personen vermocht haben, sich als Kult-Autoritäten zu behaupten. Freuds Erwähnung findet erhellende Ergänzung im seit Jahrtausenden bekannten Phänomen des Klartraums, das während der letzten drei Jahrzehnte des 20.Jahrhunderts in „den Brennpunkt wissenschaftlichen Interesses" gelangt ist.[21] Von Kilton Stewart liegt aus dem Jahre 1972 ein auf die Wahrscheinlichkeit der archaischen Genese dieser Fähigkeit verweisender Befundbericht vor. Der Autor beschreibt eingehend einen 1935 erstmals entdeckten malayischen Eingeborenenstamm. Dessen Mitglieder haben ausnahmslos die Fähigkeit des sogenannten luciden Träumens, welche sich als wesentliche Grundlage ihres Sozialgefüges erweist. Diese Fähigkeit wird im Rahmen der Sozialisation entwickelt und im Gesamtverband sowohl verhaltenspraktisch als auch rituell gepflegt.[(vgl.Fn.21)]

Das aktuelle wissenschaftliche Interesses am Klartraumphänomen gilt dessen Bedeutung für die gegenwärtige, an den Ergebnissen der Hirnforschung orientierte Neurophilosophie, deren Vertreter sich einer fortschrittlichen Philosophie des Geistes verpflichtet wissen. Unter diesem Aspekt stellt sich der Klartraum als spezifischer intrapersonaler Erlebnisraum dar, worin dem solcherart befähigten Träumer hinsichtlich der Traumereignisgestaltung entscheidende Steuerungskompetenz eingeräumt bleibt. Der auch als lucider Traum bekannte Klartraum zeichnet sich dem nicht-luciden Traum gegenüber insofern aus, als der träumende Mensch nicht lediglich im Traum einen integrierten Traum als solchen mitträumt, sondern er „ist sich vollständig darüber im Klaren, dass er träumt. Er weiß, dass er sich in einem Klartraum befindet und ist in der Lage, sich diese Eigenschaft selbst zuzuschreiben. ... Es ist ein klares Bewusstsein der eigenen Entscheidungsfreiheit vorhanden" [(vgl.Fn.21)]

---

[21] Vgl. Thomas Metzinger; >Subjekt und Selbstmodell< Schöningh Paderborn 1993 Sn 194ff

Dem archaischen Träumer dürfte sich ein derartiger Zustand als Teilhaberschaft am Einflussbereich übernatürlicher Mächte dargeboten haben. Aus gegenwärtigen Klartraumberichten geht hervor, dass im Traum begegnende Gestalten sich mit dem Träumer auf Interaktionen einlassen. Dabei kann ein seitens des Ich-Träumers provozierbares Verhalten der Mitakteure im Traumgeschehen inszeniert werden. Diese Figuren müssen als Produkte des archaischen Träumergehirns von allerhöchster sozialer und somit religionsbildnerischer Relevanz gewesen sein. Möglicherweise könnte von der kommunikativen Traumkultur ausgehend die Primärkonstitution kollektiver kultureller Gedächtnisse insofern erfolgt sein, als es nur der Einbeziehung weiterer (auch etwa nur berichteter) Begegnungen mit phantastischen Traumgestalten nichtlucider Träume in den Klartraum bedurfte. Dort könnten ihnen die Rollen der jeweiligen Ansprechpartner des Klarträumers als des rituellen Vermittlers zugefallen sein. Die kaum bezweifelbar allen Mitgliedern des Sozial- und Kultverbandes grundsätzlich gegebene Traumerfahrung wird wohl zumal mitgeteilten Träumen von insbesondere überlebensrelevantem Gehalt sowohl uneingeschränkte Glaubwürdigkeit als auch gemeinsames Erinnern garantiert haben.

Traumerfahrung darf zweifelsfrei als grundsätzlich gegeben gelten. Selbst der Hund als höherer Säuger kann vorwissenschaftlich beim Träumen beobachtet werden. Wer jemals mit Hunden zu tun hatte, wird bestätigen, dass solche Träume sich recht gut aus der Art des Traumverhaltens und Tagesgeschehens zumindest bezüglich des Traumbereiches interpretieren lassen. Wobei natürlich ein gewisser Vorbehalt insofern einzuräumen bleibt, als Träume, auch die eines Hundes, prinzipiell nur introspektiv erfahrbar sind. Dennoch kann höchstwahrscheinlich davon ausgegangen werden, dass der >höhere Säuger< Mensch seit seinem Auftreten als Mensch träumt. Angesichts des oben beschriebenen Klartraumphänomens und insbesondere unter Berufung auf Freuds psychoanalytische Einsichten bietet sich als naheliegend an, dass der Traum des Späthominiden wie auch der des früharchaischen Menschen prekäres Tagesgeschehen psychisch zu bearbeiten hatte. Dass auch dieser Traum Wünsche zu erfüllen, Erwartungen zu befriedigen gehabt haben muss, lässt sich unter psychoanalytischem Aspekt wohl kaum bezweifeln. Es dürfte also einiges dafür sprechen, dass der Mensch sich die Vergöttlichung der für sein Überleben entscheidenden Naturgegebenheiten im vollen Sinn dieses Wortes **erträumt** hat. Trauminhalte und wache Phantasie des Menschen an der Schwelle zur Kultur sind hinsichtlich ihrer Bedeutung für die jeweilige Ausgestaltung dieser Kultur wohl kaum außer Betracht zu lassen. Von daher ergibt sich nicht nur angesichts der Vielfalt entstandener Kulturen sondern auch bezüglich ihrer Gemeinsamkeiten eine durchaus natürliche Erklärung.

Die Vielfalt entspricht den Unterschieden zwischen den Lebensräumen der sich jeweils kultisch herausbildenden Sozialverbände und Kulturkreise definierenden Religionen. Die Gemeinsamkeiten sind in der Erstbegegnung mit der Todesangst verankert. Unter psychoanalytischem Aspekt bietet sich die nicht unplausible Vermutung an: >Im Anfang war die Angst vor dem erkannten Tod, und die Angst gebar dem Traum das Wort vom ewigen Leben, um sich besprechen lassen zu können<. Insofern kam >das Wort< also mit an Sicherheit grenzender Wahrscheinlichkeit nicht >von Gott<, sondern um des Menschen Überlebens willen aus dessen Gehirn zur Welt. Es dürfte als Pars pro toto der Sprache gewissermaßen die ursprünglichste aller >Kopfgeburten< sein.

5) Hinweise in den Veden auf die archaische Herkunft des religionsbildnerischen Potentials

Hinsichtlich der in dieser Abhandlung vertretenen Annahme, dass jegliche Religionsbildung als Fortentwicklung der vermutlich im Traumerleben des archaischen Menschen fundierten Totenkulte aufgekommen sein dürfte, bietet sich an, in Zeugnissen früher Religionen nach Merkmalen dieser angenommenen Genese zu suchen und dieselben aufzuzeigen. Unter diesem Aspekt versprechen zunächst die Veden, die als ältestes bisher bekanntes Schrifterbe gelten, Gedankengut der gesuchten Qualität erkennen zu lassen. Einer solchen Untersuchung werden im vorliegenden Kapitel Texte unterzogen, die einer Auswahl entstammen, welche Walter Ruben als Dokumentation frühindischer Philosophie vorlegt. Seine Anmerkung zu parallelen Entwicklungen kulturkreisspezifischer Philosophien bietet sich zugleich als deutlicher Hinweis auf ein weiteres Symptom jener zentralen kulturanthropologischen Invariante an, deren Grundlage sich primär als religionsbildnerisches Potential manifestiert zu haben scheint. Diese Symptomatik lässt sich auch in zahlreichen Passagen der Veden erkennen. Obgleich, wie man weiß, die „Philosophie ... zu den verhältnismäßig jungen Errungenschaften der menschlichen Kultur (gehört)“,[22(WR/3)] bezeugen diese altindischen Texte, wie philosophische Schriften überhaupt, durch die in denselben belegten Auseinandersetzungen mit tradiertem Gedankengut, die Probleme, welche jenem überlieferten Denken zugrundegelegen haben müssen. In weitgehend vergleichbarer Weise haben Philosophen von Anaxagoras über Sokrates bis Spinoza, um nur diese zu nennen, sich der Gottlosigkeit angeklagt gefunden, weil sie jeweils tradierte Weltbilder weiterzudenken gewagt hatten. Auch in den Veden weisen Gedankengänge auf religionsbildnerische Überlieferungen hin, die ihrerseits archaische Ursprünge erkennen lassen. Diese ältesten bisher aufgefundenen Schriften vereinigen religiöses mit philosophischem Gedankengut. Der Rede wird ausdrücklich und eindringlich Gottheitscharakter zugeschrieben.

Die ältesten Passagen der Veda werden auf „die Mitte des 2. Jahrtausends v.u.Z.“ datiert.[(WR/4,13)] In diesen Texten wird auf praktizierte Magie, auf personifizierte Naturphänomene, wie auch auf übernatürliche Existenzen Bezug genommen. Die der Rede zugedachte besondere, das heißt göttliche Bedeutung lässt sich einerseits durchaus vordergründig als Selbstauszeichnung der Priesterschaft

[22] Vgl. Walter Ruben; >Beginn der Philosophie in Indien< Akademie-Verlag Berlin 1961; Sz. im Text mit WR

interpretieren[WR/33/passim] und erinnert andererseits an die biblische Formel vom >Wort, das im Anfang war<. Angesichts der von Ruben getroffenen Feststellung einer eher noch unbeholfenen Ausdrucksfähigkeit dieser „ältesten uns erhaltenen indischen Prosa“[WR/13f] gewinnt zudem die Hochschätzung der >Rede< einen archaisch interessanten Akzent. Der Terminus >Rede< wird aller Wahrscheinlichkeit nach die prinzipielle Sprachbefähigung des Menschen implizieren. Dann kann diese das Denken „schaffen“ und dem Atem durch Benennen ein „Selbst“ verleihen.[vgl. WR/63] Diese Sprachbefähigung hatte wahrscheinlich nahezu 100 000 Jahre Entwicklung hinter sich, bis jene >unbeholfene Prosa< hervorgebracht zu werden vermochte. Das wirft ein >Licht< auf jene 40 000 Jahre, während welcher offenbar weder der Neandertaler noch der Cro-Magnon-Mensch den bezüglich des modernen Menschen wohl kaum zu überschätzenden Selektionsvorteil der Sprache als eines sich unausgesetzt fortentwickelnden sprechbaren Verständigungsmediums zu erwerben vermochten. Die primäre Anlage bei Homo sapiens sapiens wird entsprechend fragil gewesen sein und ihre kommunikativ umgesetzte Überlebensrelevanz erst im Verlauf der Ontogenesen von Generationen zu Generationen auch in differenzierterem Gebrauch angereichert haben. In der vorliegenden Abhandlung konnten Indizien dafür gesammelt werden, dass Religionsbildnerisches Potential und Sprachbefähigung offenbar auf Grund ihrer anteiligen Verankerung in der phylogenetisch abgesicherten Gruppenbindung engstens verquickt zu sein scheinen. Diese Verkoppelung wird die allem Anschein nach im sozialen Geborgenheitsbedürfnis zuverlässig gewährleistete Unhintergehbarkeit der Religionsbildung in ihrer Charakteristik kulturanthropologischer Invarianz begründen. Erst diese genetische Allianz zwischen Sprachvermögen und religionsbildnerischem Potential dürfte die Herausbildung einer jeweiligen Kaste kult- und religionsverwaltender Funktionäre ermöglicht haben. In den Veden findet sich durchaus auch bereits Kritik an der Instrumentalisierung kultischer Überlieferung, beispielsweise durch „die an Leben sich sättigenden Hymnensänger“.[WR/22] Auch Opferpraktiken, wie etwa „das Pferdeopfer“, werden offenbar bereits unter solchen impliziten Aspekten polemisch erörtert.[WR/49]

Im Sinne der vorliegenden Abhandlung kommt den frühkultischen Spuren in dieser ältesten Literatur besondere Beachtung zu. Die Vergöttlichung zahlreicher Naturphänomene, wie etwa der Sonne als Feuergott aller Feuer,[WR/21,48,69] des Mondes, der Sterne, der Himmelsrichtungen, sowie des Luftraumes und insbesondere des Wassers[WR/51ff] deuten auf ihre zu vermutende Herkunft aus jener aller Wahrscheinlichkeit nach von der primären Todesangst ausgehend erfolgten kultischen Erweiterung der Angstbewältigungsstrategie hin. Das Wasser erscheint als Grundlage verschiedener Kosmogonien. So werden etwa in einer der expliziten Wasser-Kosmogonien am empirisch erfahrbaren Lebenslauf des Menschen orientierte Entwicklungsstadien implizit auf den kosmischen Weltentwurf projiziert und von diesem her auf den Menschen zurückbezogen. Schwangerschaft und Tragzeiten der höheren Säuger werden auf ein Jahr geschätzt und zu dessen Zyklus in Beziehung gesetzt.

Die kindliche und frühjugendliche Entwicklung des Menschen wird als Nachvollzug des kosmischen Prozesses interpretiert. Die an sich unbegreifliche Umwelt wird menschlich verstehbar zurechtgedacht. Das verdeutlicht noch in diesem frühen philosophischen Denkgebäude die nachgerade tastende Anstrengung des archaischen Menschen, mit den Naturphänomenen versöhnlich oder beschwörend ins Gespräch zu kommen. Als symptomatischer Ausdruck denkerischer Selbsteinschätzung wird der Gott Indra als göttliche Rede personifiziert.[(vgl. WR/51-55)]
Unter dem Titel „Opferung des Urriesen“ findet sich die Darstellung einer nach Ruben dem Zerfall preisgegeben Kosmogonie, deren Interpretation archaische Signaturen erkennbar macht. Von jenem „Urriesen“ heißt es, er habe die Erde „überall bedeckt“ und zehn Finger [weit] „über sie hinausgestanden“. Im Zusammenhang mit den in verschiedenen Mythen bekannten Wasserkatastrophen liegt hier die Identifikation des „Urriesen“ als Personifikation gewalttätiger Schlamm- und Wassermassen äußerst nahe. Sowohl der Sintflutmythos als auch etwa Deukalions Flutschlamm sind ohne weiteres als vorgeschichtliche Vorkommnisse zu erkennen, deren Wiederholungen sich gegenwärtig beinahe regelmäßig weltweit ereignen.
Im hier betrachteten vedischen Text wird diesem >Urriesen< zuerkannt, >tausendköpfig<, >tausendäugig<, >tausendfüßig< zu sein. In einer Art Urstoff-Annahme artikuliert sich hinsichtlich dieser überwältigenden Naturmacht die Unterstellung, alles in sich zu fassen, was je „geworden ist und was werden wird“. Er sei „der Herr des Unsterblichseins (über das was) durch Speise weiter wächst“. Solches >Unsterblichsein< betrifft also primär die Abhängigkeit des individuellen Überlebens vom Wasser. Dieses gewährleistet Nahrung und droht mit Vernichtung derselben, sobald es sich „tausendfüßig“ ausbreitet. Die beschwörende Vergöttlichung des Wassers durch Opferspenden entspricht offensichtlich den Umweltbedingungen des indischen Lebensraumes. Unter diesem Aspekt mutet insbesondere eine der Behauptungen als Umschreibung eines urzeitlichen Verdunstungsprozesses an. „Ein Viertel von ihm (dem Urriesen) sind alle gewordenen Dinge, drei Viertel von ihm ist sein Unsterbliches im Himmel. Mit drei Vierteln stieg er nach oben, ein Viertel von ihm wurde wiederum hier (auf Erden)“. Durch diesen Prozess scheint ein Gebiet weiträumig trockengelegt worden zu sein und sich für den Menschen als bewohnbar erwiesen zu haben. Die übrigen Passagen dieser Kosmogonie sind unschwer als kultische und brahmanisch-ideologische Ausschmückungen zu erkennen. Der aus dem Urriesen hervorgegangene Mensch breitete sich „hinten über die Erde hinaus dann auch vorne (aus). ... Der Brahmane war sein Mund“.[(WR/23f)] Dieses mythisch codierte Ausbreitungswissen haben vermutlich die „um die Mitte des zweiten Jahrtausends vor unserer Zeitrechnung“[(WR/4)] in den indischen Lebensraum einwandernden Arier mitgebracht. Die Vegetationsperioden werden symbolisch in den hier beschriebenen Opferritus einbezogen, der möglicherweise ein stellvertretendes Menschenopfer impliziert. Aus dem Urriesen waren eine „Herrscherin“ und aus dieser ein *„Mann“* geboren worden. Eben der breitete sich über die Erde aus. Aus all dem

deutet sich eine über den Totemismus hinausgehende Kultgenese an. Im indischen Lebensraum haben großräumige Naturphänomene, wie Regen und Wind kultisch bearbeitet werden müssen. In der hier vorgestellten Kosmogonie heißt es, aus dem „vollständig geopferten (Mann)-Opfer machten Götter die Tiere", sowie die Veden-Texte samt deren sprachlichen Voraussetzungen. Aus dem „zerlegten" Mann-Opfer gingen der Brahmane als sein Mund, der Mond aus dem Denken und aus beiden Augen die Sonne hervor. Aus dem Mund, der ja zum Brahmanen erklärt wird, gingen Opferfeuer für den Feuergott und aus dem Atem der Wind hervor. Der sonst mit dem Wind verbundene Regen versinnbildlicht implizit diese ganze Kosmogonie als jener >Urriese<, nämlich >Schlamm und Wasser<, der als Mann-Opfer, wohl im Verdunsten, zur Weltentstehung dargebracht zu werden hatte.
An anderer Stelle finden sich Regen und Wind offenkundiger aufeinander bezogen. Das gilt beispielsweise für die „Verehrung des Atems" in 26 Absätzen, welche die existenzielle Bedeutung des Monsuns verdeutlichen, der sich ja als von Winden herangetragener Regen ergießt und die jeweils folgende Ernte entscheidend beeinflusst.[(WR/29ff)] In diesen Passagen sind selbst die Pflanzen sprachbegabt. Die Komponenten des Monsuns werden als personifizierte Götter angesprochen. Im Atem werden nicht nur der des Menschen, sondern auch der vergöttlichte Wind gepriesen. Einmal mehr wird eines der lebenswichtigen Naturphänomene mit menschlichen Zügen ausgestattet und ansprechbar gemacht. Die in den Veden verschriftlichten Denkgehalte lassen die Annahme ihrer ursprünglichen Herkunft aus dem primären Begegnen des sich sterblich wissend gewordenen Menschen mit seiner als bedrohlich begriffenen Umwelt durchaus plausibel erscheinen.
„Das Rigveda III,38,8 spricht von einer Kuh, *die alles lebendig macht*".[23] Die Kuh ist bekanntlich dem Inder heilig geblieben, wie in vergleichbarer Weise einst dem Clan sein Ahnen-Totem als heilig galt. In der >großen Disputation< des Yajnavalkya[(WR/195ff)] sind unter anderem Kühe als Reichtum des Brahmanen wie auch als Kriterium seiner Führungsmacht Gesprächsgegenstand. In diesem Text werden Analogien lebensnotwendiger Naturphänomene sowohl zu menschlichen Sinnesorganen, als auch Geistes- sowie Körperfunktionen hergestellt und insgesamt vergöttlicht.[(WR/215f)] Das gilt beispielsweise für Sehen/Sonne, Denken/Mond und insbesondere für Atem/Wind. Darüber hinaus werden Geistesleistungen, Sinnesorgane und Körperfunktionen als Instrumentarium des Umweltbegreifens überhaupt interpretiert.[(WR/199)] Der eine über allen Göttern wird als Atem ausgewiesen, der das Brahman sei.[(WR/215)]
Selbst dieser als Ideologie der Brahmanen interpretierbare Text legt die Annahme einer archaischen Verankerung seiner Denkinhalte nahe. In diesem Disput wird nämlich zudem gegen animistisches Gedankengut, das also zunächst überliefert worden sein muss, und für die exklusive Selbst-Charakteristik des Menschen und - in Analogie zu diesem - seiner Götter argumentiert. Der Sohn wird als Fortsetzung des väterlichen Lebens aufgefasst und der Tod

[23] Vgl. Kröner Wörterbuch der Symbolik;411

als Gottheit mit Opfern bedacht. Dieses Opfer gilt - wie jedes Opfer sonst - als durch den Glauben an seine Notwendigkeit legitimiert. Solches Glauben jedoch wird einem Herzen als Wahrheitsorgan des Selbst einbegriffen.[(WR/218)] Derart vom archaischen Ursprung offenbar weit fortgeschrittenes Denken berührt, über die oben aufgeführten Indizien hinaus, diese Herkunft dennoch auch in seiner Würdigung des Traumes als „das Selbst, der aus Erkenntnis bestehende (Lebenshauch) ..., das Licht im Herzen".[(WR/213)] Dieses „Licht im Herzen" lässt sich im hier betrachteten Text als unmittelbare emotionale Entlastung durch hilfreich im Traum vermittelte „Erkenntnis" des träumenden Individuums entschlüsseln.

Hier wird eine Traumtheorie entfaltet, die dem Traum eine Übergangsregion zwischen Lebenswelt und Totenreich einräumt. Der traumbefähigte Mensch „hat genau zwei Plätze, diesen und den des Jenseits. Als verbindend gibt es einen dritten (Bereich), den des Traumes".[(WR/231,Fn8)] Die dort anknüpfenden Ausführungen verweisen auf die Charakteristika sowohl des Traumes überhaupt als auch auf die des Klartraumes. Der Träumer wird als Schöpfer seiner Wunscherfüllung beschrieben und dessen Traum zur Stätte wiedererlebter Tagesereignisse erklärt. "Was man nämlich wachend sieht, das (sieht man auch) eingeschlafen." Der Text enthält auch ein Dementi hinsichtlich des Traumes als eines Raumes, von welchem her der Mensch Verfolgung zu fürchten habe. „Was auch immer er dort (im Traume) sieht, von dem wird er nicht verfolgt".[(WR/232)] Dieses Dementi reagiert auf offenbar noch virulentes Gedankengut vermutlich archaischer Herkunft. Das in dieser Passage bezüglich der doch wohl primär archaischen Traumfunktion als eines etwaigen Begegnungsraumes mit Verstorbenen und Herkunftsortes böswilliger Geister artikulierte Dementi erfolgt hier am Rande der Entfaltung einer Wiedergeburtslehre des Selbst zur höchsten Erlösung als Brahman.

Im Rahmen der vorliegenden Abhandlung geht es darum aufzuzeigen, dass dieses älteste indische Schriftgut Gedankengänge dokumentiert, die als vermutlich archaischer Herkunft erkennbar sind. Es werden Kosmogonien auf der Grundlage des Wassers als sowohl lebensnotwendiger wie auch gewaltsam vernichtender Naturgewalt dargestellt. Die Vergöttlichung der Naturphänomene lässt noch deren Personifizierung um der Verständigung willen erkennen, die in Opferriten kultiviert wird. Die Situierung des Traumes als Erlebnisraum zwischen Lebenswelt und Totenreich verweist auf dessen Wunscherfüllungsfunktion. Diese bedarf jedoch der archaischen Todesangstentlastungsqualität vermeintlich nicht mehr, da ja ein erlösender Verzicht auf jegliche Emotion eingeübt werden soll. Das oben erwähnte Dementi hinsichtlich der Bewertung etwaiger Traumbegegnungen führt archaisches Gedankengut als Anlass dieses Dementis mit sich. Die signifikanten ethischen Implikate dieses Schriftgutes als Dokumentation religionsbildnerischen Potentials lassen sich nur im Rahmen einer hier nicht einzubringenden näheren Erörterung des indischen Kulturraumes würdigen.

6) Sozialanthropologische Aspekte zur Herkunft der kulturanthropologischen Invariante, Religionen zu bilden

Nach Passagen aus den Veden, als dem ältesten überlieferten Schriftgut philosophischen und religiösen Charakters, werden im Folgenden zunächst ethnologisch- sozialanthropologische sowie anschließend darüber hinaus dezidiert kulturanthropologische Beobachtungen und Überlegungen zur Stützung der in der hier vorliegenden Abhandlung vertretenen Auffassung hinsichtlich der vermuteten naturalistischen Genese der Religionsbildung herangezogen. Hierbei sollen zwei einander argumentativ ergänzende Aspekte verdeutlicht werden. Deren einer betrifft das Anliegen, durch empirisch gestützte Befunde jenseits der neurophilosophisch in Betracht gezogenen Hirnforschung den im ersten Abhandlungsabschnitt entfalteten Grundgedanken einer im Gehirn des Menschen erfolgten phylogenetischen Verankerung der Religionsbildung zu untermauern. Der zweite Blickwinkel soll diesen primär aufgegriffenen Gedanken als plausible Erklärung jener äußeren empirischen Befunde sichtbar werden lassen.

Der Ethnologe und Sozialanthropologe E. E. Evans-Pritchard[24] stellt eine Auswahl klassischer Theorien einflussreicher Verfasser über primitive Religionen vor. Dazu gehören unter anderen Henri Bergson, Auguste Comte, Emile Durkheim, Sigmund Freud, James Georg Frazer, Claude Levi-Strauss, Lucien Levi-Bruehl, Wilhelm Wundt, womit nur die wohl bekanntesten genannt seien.

Er macht ein Verständnis der vermeintlichen Offenbarungsreligionen von einem vorgängigen Verständnis der sogenannten Naturreligionen abhängig. Einen für das Anliegen der vorliegenden Abhandlung signifikanten Befund hebt Evans-Pritchard bereits in der Einleitung seiner Monographie >Theorien über primitive Religionen< hervor. Dort heißt es, die „isolierten, primitiven Religionen in weit voneinander entfernten Teilen der Welt (können) eigentlich nur unabhängige Entwicklungen ohne wechselseitige geschichtliche Beziehungen sein".[(EP/33)] Das spricht deutlich für eine vorkulturelle Voraussetzung jeglicher Religionsbildung, das heißt, für eine anthropologische Invariante, deren Grundlage im religionsbildnerischen Potential des Menschen gegeben zu sein scheint. Was Evans-Pritchard als „primitive Mentalität" zusammenfasst, „Magie, Totemismus, Tabu (und) Zauberei", darf wohl als Manifestation dieses religionsbildnerischen Potentials begriffen werden, welches das Gehirn des Menschen angesichts der archaischen Todesangst als Bewältigungsstrategie allem Anschein nach auszubilden vermocht hat.[(EP/35)]

Evans-Pritchard geht davon aus, der „Ursprung von Religion (sei) ... im Geisterglauben ... zu suchen. Dass die Seele vorübergehend ein Leben nach dem Tode hat, wird durch das Erscheinen von Toten in Träumen suggeriert, solange man sich an die Toten erinnert". Hieraus leitet er ab, „die erste nachweisbare Vorstellung von einem übernatürlichen Wesen ist die ... von einem Geist".[(EP/57)] Diese >erste nachweisbare Vorstellung<

---

[24] Vgl. E.E. Evans-Pritchard; >Theorien über primitive Religionen< Suhrkamp Ffm. 1968, Sz. im Text mit EP.

dürfte sich als kultisch-religionsbildnerische Erweiterung der Vorstellung vom Übergang des Verstorbenen in eine übernatürliche Daseinsform begreifen lassen. Der Geisterglaube könnte sich also im Zusammenhang mit der oben bereits mehrfach erörterten religionsbildnerischen Erweiterung der primären Todesangstbewältigung angesichts der bedrohlichen Umwelt entwickelt haben. Eine Erklärung hierfür bietet sich in der bei Freud erörterten Mischbildung des Traumes an. Die Annahme dieser Genese gewinnt zudem insofern an Plausibilität, als sich, wie Evans-Pritchard schreibt, „der Geisterglauben überall finden (lässt)“.[EP/57] Für die Einbeziehung bestimmter Aspekte bezüglich des archaischen Traumerlebens in die Überlegungen zur Religionsgenese spricht zumal auch das bei Evans-Pritchard eingeräumte Zugeständnis, es „ließe sich allenfalls anführen, dass die Primitiven Träume zitieren als Beweis von Seelen und Seelen als Beweis für die Existenz von Geistern“.[EP/59] Die aus dem Traum zitierte Existenz von Seelen könnte sich auf Verstorbene beziehen lassen, in deren Gesellschaft sich dann als >Mischbildungen< Geister eingefunden haben mögen.

Gegen die Theorie einer Illusionsbildung als Ursprung der Religion, also auch grundsätzlich gegen Freud, wendet Evans-Pritchard ein, dass diese „sich so lange und hartnäckig“ habe halten können. Eben dieses Phänomen >hartnäckiger Dauerhaftigkeit<[EP60] spricht jedoch einmal mehr für die Annahme der Herausbildung des religionsbildnerischen Potentials als phylogenetisch verankerte Strategie archaischer Todesangstbewältigung. Soweit es in einigen, vielleicht sogar in vielen sogenannten primitiven Kultgemeinschaften mühelos gelingen mag, worauf Evans-Pritchard Wert legt, ihre sozialen und sonst überlebensrelevanten Probleme mit Hilfe der Kulte in hinreichend Gruppenfrieden sicherndem Ausmaß psychisch zu bearbeiten,[EP/86] lässt auch das die Vermutung zu, dass die Gehirne ihrer archaischen Ahnen diese Fähigkeit primär möglicherweise angesichts der Dauerstresseskalation permanenter Todesangst haben entwickeln müssen.

Die bei Evans-Pritchard referierte und ethnologisch bestätigte Praxis der Magie wird sich also gleichermaßen als Modifikation und Folgestrategie primär archaischer Todesangstbewältigung herausgebildet haben.[EP/61] Auch hier dürften sowohl Beobachtungsgabe, als auch Antizipationsvermögen sowie eine aus der Artgenossenbeobachtung erworbene spezifische soziale Kompetenz von wesentlicher Bedeutung sein. Evans-Pritchard vertritt die Auffassung, „dass wir in magischen Vorstellungen und Riten bestimmte elementare Gefühlsregungen unterscheiden können“. Er weist ferner darauf hin, dass magische „Assoziationen soziale ... Stereotypen“ seien. Schon insofern verlangt die Magie also hohe soziale Verhaltenskompetenz des Magiers und seiner Klientel. Diese Kompetenz ist jedoch, nach den in dieser Studie zusammengetragenen Indizien, sehr wahrscheinlich kraft ihrer genetischen Verankerung in der Artgenossenbeobachtung und der damit gekoppelten Gruppenbindung, engstens mit dem religionsbildnerischen Potential verflochten. Evans-Pritchard legt Wert auf „die grundsätzliche Rationalität primitiver Völker. ... Die religiösen Überzeugungen (seien) immer kohärent“.[EP/64] Er definiert Magie als „eine Ersatzhandlung für Situationen, in denen es keine praktischen Mittel zum Erreichen eines Zieles gibt. ... Sie verleiht den Menschen Mut, Erleichterung, Hoffnung und Spannkraft".(EP/70) Diese Charakteristik lässt sich durchaus auch auf die Personifizierung von Naturgewalten übertragen, mit deren Beeinflussbarkeit sich die Möglichkeit versprechen ließ, etwas tun zu können.

Evans-Pritchard zitiert unter kritischem Aspekt R. H. Lowie mit dessen Auffassung, „christliches Dogma und biologische Evolutionstheorie können beide religiöse Doktrinen sein. Positivismus, Absolutismus und der Kult der Vernunft sind alle gleichermaßen von Religion nicht unterscheidbar; die Flagge eines Landes ist ein typisch religiöses Symbol".(EP/75) Lowies Auffassung fördert jedoch hellsichtig die diesen Weltanschauungen zu Grunde liegende Gemeinsamkeit zu Tage. Ihr religiöser Charakter entspricht dem religionsbildnerischen Potential als vermutlich genetisch fundierte Vorgabe ideologischer Denkgebäude. Als hierfür wesentliche Komponente dürfte zumal die weitgehend emotionsgetragene Charakteristik derartiger Überzeugungen zu erkennen sein.

Evans-Pritchard selbst polemisiert explizit gegen „Theorien, die Religion nur als Gefühl oder ... als Halluzination erklären".(EP/85) Er vertritt die Position, dass „zwischen der Aufgabe der Sozialanthropologie, den Ursprung von Religion zu bestimmen ... und der Aufgabe der Theologie, die es mit der Gültigkeit **der** [sic] Religion zu tun hat" zu unterscheiden sei.(EP/70,71) Spätestens hier ist aus der terminologischen Pluralvermeidung die religionsapologetisch engagierte Position Evans-Pritchards zu erkennen.

Unter sozialanthropologischem Aspekt wird „primitiven Vorstellungen und Riten" zuerkannt, „sie helfen unzivilisierten Völkern bei der Bewältigung ihrer Probleme und Unglücksfälle, beseitigen ... die aktionshemmende Verzweiflung und schaffen das für das Wohlergehen des Menschen erforderliche Vertrauen" in seine lebenspraktischen Aktivitäten.(EP/86) Hiermit wird implizit die Effizienz der oben angesprochenen Erweiterung jener vermuteten primären Bewältigungsfunktion beschrieben, welche das religionsbildnerische Potential des archaischen Menschen angesichts der Todesangst zu erfüllen gehabt haben muss. Vertreter einer pragmatistischen Sozialanthropologie kommen unter einem kleinsten gemeinsamen Nenner zur Auffassung, „Religion ist wertvoll, da sie für soziale Kohärenz und Kontinuität sorgt".(EP/87) Das lässt sich als Minimalformel der Reichweite des religionsbildnerischen Potentials begreifen. Diese Formel umfasst durchaus auch jenes prekäre phylogenetische Erbe, das der Ethnien bildende Mensch (wie der Horden bildende Schimpanse) zu vergeben hat. (vgl. I/A2)

Evans-Pritchard schlägt vor, den Schlüssel zum Verständnis primitiver Religionen in ihren Ritualen zu suchen.(EP/92) Diese Auffassung entspricht der oben vorgestellten Annahme, dass die archaisch kommunikative Vergewisserung der Traumbegegnung mit Verstorbenen alsbald in ritueller Form erfolgt sein dürfte. Er referiert Wilfredo Pareto mit der Auffassung, es gebe „zuerst einen instinktiven Glauben an die Wirksamkeit eines Ritus, dann (werde) eine >Erklärung< des Glaubens gewünscht, die endlich in der Religion gefunden (werde)".(EP/141) Die hier unterstellte Instinktivität lässt sich recht gut als phylogenetische Vorgabe einer

Manifestation des religionsbildnerischen Potentials interpretieren, das sich als Strategie der Todesangstbewältigung hatte bewähren müssen. Die gewünschte >Erklärung< hatte dann in der kultischen Erweiterung jener Strategie gefunden zu werden. Pareto nimmt darüber hinaus an, es gebe in vielen Gesellschaften >Residuen< als kollektive Grundlagen von Stabilität und Wandel, das heißt als Ressourcen gesellschaftlicher Kontinuität. Der Begriff >Residuum< steht für eine Art >Rückstand< im Sinne von >Etwas das geblieben ist<.[(EP/137)] Als ein solches >Residuum< sollte sich das religionsbildnerische Potential des Menschen betrachten lassen. Es dürfte als im Gehirn des Menschen angelegtes Naturprodukt zu begreifen sein, das jeglicher Kulturentwicklung zu Grunde liegt. Diese fundierende Bedeutung ergibt sich aus den angenommenen Bedingungen, die zur Ausbildung des religionsbildnerischen Potentials geführt zu haben scheinen. Demgemäß könnte es als neuronale Strategie aufzufassen sein, die — im Ausbalancieren zwischen Antizipationsvermögen zur intellektuellen Überlebenssicherung einerseits und der als Todesangst eskalierenden Antizipation andererseits — vom primären Totenkult her jegliche kulturelle Fortentwicklung in Gang gesetzt haben dürfte. Für Wilfredo Pareto „sind Residuen Abstraktionen von Beziehungselementen, die allen Gesellschaften gemeinsam sind, wenn variable Aggregate weggelassen werden, z.B. Beziehungen zu Familie und Verwandtschaft, zu Orten zu den Toten usw.“.[(EP/143)] Demzufolge erscheint es nicht unplausibel, solche Residuen als kulturanthropologische Invariante aufzufassen. Ungeachtet vielfältiger Einwände gegen Paretos Darstellungen räumt Evans-Pritchard diesem ein, er habe das Problem insofern richtig gesehen, als er erkannt habe, das „menschliche Handeln hat zwei Hauptrichtungen: Gefühle und experimentelle Forschung. ... Das Gefühl zwingt zum Handeln, verleiht moralischen Regeln, Pflichten und Religionen Leben... . Durch das Streben nach dem Ideal bleiben menschliche Gesellschaften lebendig und machen Fortschritte.“ Hier spricht Pareto das archaisch religionsbildnerisch fundierte Erbe aus Emotionalität und Antizipationsvermögen als Agens sozialkompetenten Handelns, der Überschreitung des Gegebenen auf ein Vollkommenes hin und als Grundlage aller Wissenschaft an.[(EP/144)]

Trotz aller Kritik, die Evans-Pritchard an den vorgestellten Theorien über primitive Religionen vorbringt, enthält seine Monographie, wie sich zeigen ließ, signifikante Hinweise auf den zu vermutenden, in der hier vorliegenden Abhandlung beschriebenen archaischen Ursprung der Religionsbildung.

7) Kulturanthropologische Befunde und Überlegungen[25] als Hinweise auf den Ursprung der Religionsbildung

Wenn irgendwo, dann sind in kulturellen Gedächtnissen, die Jan Assmann als „eine der Außendimensionen des menschlichen Gedächtnisses“(As/19) begriffen wissen will, Hinweise auf den Ursprung der Religionsbildung zu erwarten. Das gilt insbesondere für kulturelle Gedächtnisse im Stadium früher Hochkulturen, wie Assmann sie in seiner Monographie beschreibt.

In der vorliegenden Studie ist bisher versucht worden, Religionsbildung als spezifische Leistung eines im menschlichen Gehirn genetisch angelegten Potentials zu erklären. Die im Rahmen dieser vorgeschlagenen Erklärung angebotene Darstellung ursprünglicher Kultentwicklung, wie auch die Annahme, dass die Wirkungskraft des religionsbildnerischen Potentials sich sehr wahrscheinlich weitestgehend der Verankerung desselben in der phylogenetisch gefestigten Gruppenbindung verdankt, findet sich durch Assmanns Ausführungen zum Charakter des kulturellen Gedächtnisses unterstützt. Er unterstellt eine in jeder Kultur spezifisch ausgebildete „konnektive Struktur ... eines gemeinsamen Wissens und Selbstbildes“. Die soziale Dimension dieser Struktur „bindet den Menschen an den Mitmenschen“. Hier bilde sich ein gemeinsamer „Erfahrungs-, Erwartungs- und Handlungsraum“ heraus, der durch eine „Vertrauen und Orientierung“ stiftende Kraft gekennzeichnet sei.(As/16) Damit wird die Rückbindung dieser „konnektiven Struktur“ an die kommunikativ erschlossene Kraft sozialer Geborgenheitszuversicht, wie sie dem archaischen Menschen durch das sich herausbildende religionsbildnerische Potential gewährt worden zu sein scheint, wahrscheinlich. Die vermutliche kommunikative Vergewisserung des archaischen Menschen, im Sozialverband „Orientierung“ zu finden, das heißt, auf Verhaltenshilfe vertrauen zu dürfen, würde sich als Erweiterung der primären Bewältigungsstrategie angesichts der Todesangst bewährt haben können. Mit dieser Genese erfüllte sich zugleich die bei Assmann angesprochene zeitliche Dimension dieser konnektiven Struktur, die „sich zum einen auf die Bindung an gemeinsame Regeln und Werte, zum anderen auf die Erinnerung an eine gemeinsam bewohnte Vergangenheit stützt“.(As/17) Dann könnte die Bewohnbarkeit dieser Vergangenheit von der Ausbildung des religionsbildnerischen Potentials ausgegangen sein. Von daher also mögen „alle Riten (den) Doppelaspekt der Wiederholung und der Vergegenwärtigung“ haben.(As/17)

An der dem kulturellen Gedächtnis zugesprochenen Außendimension des menschlichen Gedächtnisses sind nach Assmanns Darlegungen das mimetische Gedächtnis nachahmenden Handelns, das Gedächtnis der hergestellten und vorgefundenen Dinge, wie insbesondere auch das sprachverfasst kommunikative Gedächtnis sinnstiftend beteiligt. „Wenn mimetische Routinen den Status von >Riten< annehmen, d.h. zusätzlich zu ihrer Zweckbedeutung noch eine Sinnbedeutung besitzen, wird der Bereich des mimetischen Handelns überschritten.“ Vergleichbares gilt

[25] Vgl. Jan Assmann; >Das kulturelle Gedächtnis< C. H. Beck München 1997, Hinweise im Text mit As/Seitenzahl

für das Gedächtnis der Dinge, welche mit ihrer kultischen Sinnbesetzung in die Dimension des kulturellen Gedächtnisses einbezogen werden. Darüber hinaus eröffnet die Dimension des kommunikativen Gedächtnisses erst eigentlich den Horizont des kulturellen Gedächtnisses als Voraussetzung dafür, dass dieses, woran Assmann hier liegt, „den Bereich der Kommunikation ebenso (überschreitet), ... wie das individuelle Gedächtnis den des Bewusstseins“.[(As/16-23)]
Das kommunikative Gedächtnis dürfte sich im archaischen Sozialverband jedoch überhaupt erst auf Grund der zunehmend sich herausbildenden Sprachbefähigung konstituiert haben. Als wahrscheinlich phylogenetisch verankerte Basis dieser Konstituierung bietet sich zum einen die vorkulturell aus der (durch die Artgenossenbeobachtung erworbenen) artspezifischen Verhaltensmusterstruktur tiefgreifend fortentwickelte soziale Kompetenz des Menschen an. Zum anderen scheint die Annahme nicht unplausibel zu sein, dass diese der Anlage nach offenbar bereits in der Phylogenese vorgegebene, hirnorganisch abgesicherte Kompetenz in ihrer funktionalen Verflechtung mit dem religionsbildnerischen Potential quasi die >erfüllte Bedingung der Möglichkeit< zur Herausbildung des kommunikativ-kulturellen Gedächtnisses als solchen darstellt. Ein derartiger Hintergrund erst eigentlich verankerbarer Kulturentwicklung würde auch dazu passen, dass „das kulturelle Gedächtnis ... Tradition und Kommunikation (speist), aber ... nicht darin aufgeht“.[(As/23)] Es reicht vielmehr in gewisser Weise an die Schwelle der >gemeinsam bewohnten Vergangenheit< zurück, welche mit seiner Konstitution begonnen haben dürfte, bewohnbar gemacht zu werden. Auch die >Bewohnbarkeit< der Zukunft wird sich kaum in Traditionspflege und Kommunikation erschöpfen. Das wird im zweiten Teil der hier vorliegenden Abhandlung ausführlicher anklingen.
Assmann zieht den Tod als >Urszene< in Erwägung. Damit stützt er die in dieser Studie vertretene Auffassung, dass die psychische Bearbeitung des erworbenen Sterblichkeitswissens wohl als Ausgangsfunktion kultureller Entwicklung betrachtet werden kann. Diese Funktion dürfte das angesichts der archaischen Todesangst primär zu deren Bewältigung entwickelte religionsbildnerische Potential erfüllt haben. Das von Assmann ausführlich dargestellte „spezifisch kulturelle Element der kollektiven Erinnerung“ an den individuellen Verstorbenen lässt sich als Residuum der tröstlichen Vergewisserung des archaischen Menschen begreifen, der sich über den Tod hinaus in der sozialen Gruppe geborgen glauben konnte. Das entspricht dem von Assmann beschriebenen „Akt der Belebung, den der Tote dem entschlossenen Willen der Gruppe verdankt, ihn ... kraft der Erinnerung als Mitglied der Gemeinschaft festzuhalten und in die fortschreitende Gegenwart mitzunehmen“.[(As/33)] Diese Konstellation wird sich bei Sartre in ihrer existenzialistischen Modifikation wiederfinden lassen.
Obgleich als unstrittig gilt, dass „sich das kulturelle Gedächtnis nicht biologisch vererbt“, wird es nichtsdestoweniger auf Grund der zentralen kulturanthropologischen Invariante, das heißt, allem Anschein nach als soziokulturelle Funktion des religionsbildnerischen Potentials unterhalten. Unter Berufung auf die bisher in der Studie zusammengetragenen Befunde scheint die Annahme nicht

unplausibel zu sein, dass dieses Potential aus der menschlichen Phylogenese als hirnorganische Struktur hervorgegangen ist. Von dieser Voraussetzung her dürfte jedes kulturell-kollektive Gedächtnis also auf eben dieser Grundlage „kulturell über die Generationenfolge hinweg in Gang gehalten werden“.[(As/89)] Das Einüben „kultureller Mnemotechnik“ erfolgt somit offenbar als ontogenetische Ausreifung der individuellen Gehirne einer jeweiligen Kulturgemeinschaft. Diese wird sich höchstwahrscheinlich als jeweils bestätigende Verschaltung phylogenetisch verankerter Anlagen im ältesten Bereich des menschlichen Gehirns ereignen. Das lassen unter anderem die oben näher erörterten Befunde Antonio Damasios erkennen. Die bereits einleitend angesprochene Unhintergehbarkeit des religionsbildnerischen Potentials im Gehirn des Menschen erfährt im Prozess der modifizierenden Konfiguration ihre jeweils kulturspezifische Prägung. Das heißt, die Kultur, in die wir hineingeboren sind, der wir als Mitmenschen angehören, modifiziert nicht nur unser Denken, sie modifiziert vermittels der Kommunikation „unser Gehirn und damit die Voraussetzungen, unter denen wir weitere Erfahrungen machen“.[(RH168)] Dieser zu vermutende Zusammenhang mit dem offenbar phylogenetisch im Gehirn des Menschen verankerten religionsbildnerischen Potential dürfte sowohl die >hartnäckige Dauerhaftigkeit< der kulturanthropologischen Invariante, Religionen zu bilden, als auch die ursprünglich angelegte „Beziehung des kulturellen Gedächtnisses zum Heiligen“[(As/53)] erklären. Obgleich Assmann die Auffassung vertritt, das Gruppengedächtnis habe „keine neuronale Basis“, wird er einräumen müssen, dass es notwendigerweise nur auf der neuronalen Basis der Gesamtheit aller Gehirne seiner Gruppenmitglieder unterhalten werden kann.[(vgl. As/89)] Ganz offenkundig ergibt sich von daher auf der organischen Grundlage individueller Gehirne die Ebene der grundsätzlich persönlichen Verantwortlichkeit jedes Individuums einer kulturellen Gemeinschaft.

Am Beispiel Ägypten stellt Jan Assmann die „Überlieferung ... eines kulturellen Gedächtnisses“ im „spätägyptischen Tempel“ dar. Hinsichtlich des in der vorliegenden Abhandlung verfolgten Anliegens kommt den mythischen Gehalten der für jene Überlieferung charakteristischen Symbolik besonderes Interesse zu. Diese Symbolik bezeugt die Personalisierung und Vergöttlichung bestimmter Naturphänomene. Das entspricht der Annahme, dass der archaische Mensch diese Strategie entwickelt hatte, um seine Bedrohtheit und objektive Einflusslosigkeit im ihn umgebenden Naturraum psychisch bearbeiten zu können.

Assmann nimmt die Genese des kulturellen Gedächtnisses der Ägypter beim Osiris-Kult auf.[(As/167)] In der Osiris-Gestalt sind wesentliche Momente einer vermutlich archaischen Kultgenese enthalten. Osiris wird als jugendliches Brudermord-Opfer erst aus dem erlittenen Tod heraus zum zeugenden Vatergott des Sohnes Horus, welchen die Göttin Isis zur Welt bringt. Horus verkörpert sich - dem Mythos zufolge - im jeweils herrschenden König und bestätigt so seines Vaters Herrschaftsansprüche. Der Osiris-Mythos umfasst die zyklischen Phänomene der Natur, das Werden und Vergehen zwischen den

Nilüberschwemmungen. Er fundiert „Idee und Institution des pharaonischen Königtums. ... Vom dritten Jahrtausend an wird der Glaube allgemein, dass jeder Ägypter nach dem Tode durch den Vollzug der Totenriten zu Osiris wird“,[26] der als vom Tode geheilter Gott an eine Todesüberwindung zu glauben verlangt. Für Horus wird eine frühe Gleichsetzung mit dem Sonnengott überliefert. Das verdeutlicht insbesondere das Horus-Symbol der geflügelten Sonnenscheibe. Darüber hinaus wird die Sonne auch als >Horus-Auge< bezeugt. Es gibt Hinweise darauf, dass Horus, der Isis-Sohn, als eine Reinkarnation des älteren Sonnengottes Harueris angenommen worden ist. Symbolisiert wird Horus durch einen Falkenkopf. Seth, der durch Horus besiegte göttliche Brudermörder, nimmt als Wüstengott die Funktion des Antagonisten zum Vegetationsgott, das heißt zu Osiris, wahr. Diese Konstellation lässt sich als Gottesherrschaft über die Natur begreifen. Insgesamt vereinigt der Osiris-Mythos die Vergöttlichung der Sonne mit einer naturimmanenten Bruderzwistkonstellation, sowie mit der Bestattungsheiligung und einer archaisch religionsbildnerischen Naturauffassung. Der Falkenkopf als Symbol des Sonnengottes Harueris-Horus, sowie der Skarabäus als andere Gestalt des Sonnengottes Re lassen darüber hinaus auf archaische Implikate magisch kultischer Tierdeutungen totemistischer Art schließen. [(WBS/327,544ff)]

Der Horus-Seth-Antagonismus wird in der von Wappenpflanzen umschlungenen Hieroglyphe >Vereinigung< zum politischen Symbol, das die Vereinigung der antagonistischen Prinzipien als „unabschließbares Projekt“ ausweist und einfordert. Assmann konstatiert, die ägyptische Mythomotorik stehe eindeutig „im Dienst der Steigerung kollektiven Identitätsbewusstseins in Richtung Integration“. Dieses >kollektive Identitätsbewusstsein< könnte in seiner hochkulturellen Ausprägung der für den archaischen Menschen angenommenen Geborgenheitserfahrung im Sozialverband entsprechen. Eine solche Entsprechung würde bedeuten, dass dieses >kollektive Identitätsbewusstsein< in einer frühen Hochkultur sich aus dem religionsbildnerischen Potential des Ägypters zu bilden und zu unterhalten scheint, für den sich seine beiden Länder, Ober- und Unterägypten, „zur Welt, wie sie vom Sonnengott geschaffen und dem König überantwortet wurde“ zusammenzufinden haben. [(As/169)]

Die hier überlieferte Vergöttlichung der Sonne lässt sich weltweit kulturanthropologisch belegen. Die Sonnensymbolik erweist sich als kaum überschaubares interkontinentales Phänomen. Sie ist in Mythen verankert, die sich auf Naturerscheinungen beziehen, und als Symbolik des Gestirns oft „ununterscheidbar“ mit den Symbolen der Sonnengottheiten verwoben. Diese finden sich in den gesicherten Spuren der mesoamerikanischen Hochkulturen bezeugt, als deren einflussreichste zunächst die der Maya „mit einer Vielzahl von Göttern ... , u.a. ... der Regengott, der Maisgott, der Todesgott oder der Sonnengott“ erwähnt sei. Vergleichbares gilt für die andine Hochkultur der Inka, die als langlebigste dieses 22 Jahrtausende alten Kulturraumes mit dem Sonnenkult als Staatsreligion verbunden war. Eine weitere im zweiten Jahrtausend vor unserer

---

[26] Vgl. Wörterbuch der Symbolik Kröner Stuttgart 545 weitere Verweise im Text mit WBS/Seitenzahl

Zeitrechnung datierte andine Hochkultur hatte sich „auf der Grundlage eines gemeinsamen Kultes (zur) Verehrung einer Jaguargottheit" überregional ausgebreitet. Im Bereich der mesoamerikanischen Aztekenkultur wurden dem Sonnengott Menschenopfer dargebracht. Für den eurasischen Kontinent seien beispielsweise die japanische Sonnengöttin Amaterasa und die Sonne als beherrschendes Kultsymbol Japans, sowie die baltische Sonnengöttin Saule und natürlich der Griechen Helos, wie auch der Römer Sol erwähnt.[27]

Für die Kulturen der Babylonier und Hethiter sind Sonnengottheiten ebenso belegt, wie für das alte Indien der Sonnengott Surya und der vedische Sonnengott Savitar. Das Symbol der >Säge< des altmesopotamischen Sonnengottes bleibt noch immer unenträtselt. Forschungsbefunde belegen hingegen, „den Ägyptern galt das Sonnengestirn als sichtbarer Leib des Himmelsherrn Re".(WBS/685) Echnaton, der ketzerische König, entließ das gesamte Pantheon und berief die Sonne selbst, Aton, zu seinem und der Ägypter einzigem Gott. Weltweit sind demnach Religionsbildungen belegt, die für Vergöttlichung bestimmter personalisierter Naturphänomene, wie insbesondere der Sonne, aber auch von Tieren zeugen, was sich im Osiris-Mythos ergänzt findet.

Diese weltweite Verbreitung der hinsichtlich der Sonne beispielhaften Vergöttlichung von Naturphänomenen spricht sehr für die oben angesprochene Vermutung zur religionsbildnerischen Kulturgenese. Das heißt, es liegt überzeugend nahe, dass die Vorstellung, personalisierte Naturgewalten beeinflussen zu können, sich als Erweiterung der Strategie zur Bewältigung der Todesangst notwendigerweise — im grundlegenden Sinn dieses Wortes, nämlich zur Abwendung existenzieller Not, — hat herausbilden müssen. Diese Strategievermutung dürfte sich, wie auch die bereits angesprochene Theorie des wahrscheinlich in der letzten Phylogenesephase des Menschen erfolgten Spracherwerbs nahe legt, auf die archaisch erworbene Ausbildung kommunikativer Sprachfähigkeit stützen lassen, welche überhaupt erst vermocht zu haben scheint, die personalisierten Naturphänomene — in welcher Gestalt auch immer — ansprechbar machen zu können. „Sprache ist das vornehmste Mittel sozialer Wirklichkeitskonstruktion."(As/141)

Assmanns Einschätzung zufolge gewährt der ägyptische Staat eben jene Geborgenheit in der Gemeinschaft, die offenbar auch dem archaischen Menschen geholfen hatte, sein erworbenes Sterblichkeitswissen psychisch bearbeiten zu können. Die archaische Interpretation der Traumbegegnung mit Verstorbenen hat vermutlich in der Vergöttlichung und Personalisierung bestimmter Naturphänomene eine Erweiterung erfahren, deren der archaische Mensch angesichts seines erweiterten Bedrohtheitswissens bedurfte. Indem der Osiris-Mythos zu glauben erlaubt, „dass jeder Ägypter nach seinem Tode durch den Vollzug der Totenriten zu Osiris wird", bestätigt sich die vermutete archaische Trauminterpretation, dass der Verstorbene in eine andere Daseinsform eingegangen sei. Für den ägyptischen Staat, den Assmann beschreibt, heißt das: „Der Staat ist nicht nur eine Institution zur Sicherung von Frieden und Gerechtigkeit, sondern zugleich

[27] Vgl. Meyers großes Taschenlexikon in 24 Bänden, Mannheim u.a. I/186; II/97; X/176;XIV/204; XX/195

damit auch eine Institution zur Ermöglichung von Unsterblichkeit, oder zumindest Fortdauer über den Tod hinaus".[(As/170)]
Die mythische Verankerung dieser Staatlichkeit findet sich in der Architektur der ägyptischen Spätzeittempel eindrucksvoll bezeugt. Diese Architektur hat „ikonische Bedeutung. ... (Die Tempel) geben ... eine monumentalisierte, in Stein umgesetzte und fünfzigfach vergrößerte Schilfhütte wieder, die prähistorische Urform eines Heiligtums".[(As/181)] Für die Urform dieses Heiligtums darf wohl, weiter zurückschließend, eine archaische Primärversion als ursprünglichste Stätte frühestkultischer Gemeinschaftlichkeit angenommen werden.
Am Beispiel Ägypten wird eine frühe Hochkultur beschrieben, deren Genese einen Mythos vergöttlichter Naturphänomene aufweist. Die weltweite Verbreitung derartiger Naturmythen deutet auf ein ubiquitäres Stadium religionsbildnerischer Entwicklung hin, das sich jeweils umweltspezifisch manifestiert. Bemerkenswert ist in dieser Hinsicht insbesondere auch die Auffassung bezüglich des Wassers, dem in der ägyptischen Tempel-Kosmogonie als Urwasser basale Bedeutung zugeschrieben wird.[(As/183)] In den Veden sind - wie oben bereits erörtert wurde - ebenfalls Wasser-Kosmogonien überliefert. In beiden Kulturräumen wird der Sonne Göttlichkeit verliehen. Die religionsbildnerische Ursituation individuellen Wissens um die eigene Sterblichkeit wird im Osiris-Glauben vermittels jener prinzipiellen Strategie bewältigt, die in der angenommenen archaischen Traumbegegnung und deren Interpretation ihren Ursprung haben dürfte.
Im Rahmen der Darstellung beginnender Geschichtsschreibung sind ein Wettergott als Vertragsgarant, ein Sturmgott als Instanz der Hilfe gegen Pest, Opferriten für den Fluss Mala, Verzweiflung gegenüber dem „Unheil ... , das nur als Strafaktion einer erzürnten Gottheit gedeutet werden kann", wie auch die Macht des Traumes bezeugt.[(Vgl. As/240ff,245f)] „Divination setzt voraus, dass die Ereignisse göttlichem Willen entspringen und über die Beeinflussung dieses Willens provoziert oder abgewendet werden können".[(As250)] Was Jan Assmann unter dem Aspekt der Konstitution eines kulturellen Gedächtnisses erörtert, fördert insgesamt Charakteristika des religionsbildnerischen Potentials zu Tage. Diese Signaturen weisen zugleich auf die anzunehmende Ursprungssituation der religionsbildnerischen Strategie zur psychischen Bearbeitung archaischen Bedrohtheits- und Sterblichkeitsbegreifens hin. Die Ausbildung eines solchen Potentials legt nahe, als unverzichtbare Befähigung zur Konsolidierung der Antizipation angesichts ihrer bedrohlichen Eskalation begriffen zu werden. Insgesamt dürfte wohl davon auszugehen sein, dass das Phänomen des kulturellen Gedächtnisses auf der Grundlage des religionsbildnerischen Potentials der individuellen Teilhaber dieses kollektiven Vermögens unterhalten wird.

Eine Art Anmerkung zum Kulturphänomen anthropologischer Invarianten:

Vom soeben vorgestellten Phänomen des kulturellen Gedächtnisses aus soll als kleiner Exkurs auf ein signifikantes Implikat dieses Kulturphänomens hingewiesen werden. Als eine der hervorragenden Ausprägungen kulturellen Gedächtnisses lässt sich die fortbestehende künstlerische Aktualisierbarkeit bestimmter, religionsbildnerisch prägnanter Mythen erkennen, wie das beispielsweise für den Antigone-Mythos zutrifft. Dieser thematisiert den in der Antike sakrosankten Bereich der familiär getragenen Bestattungsriten. Als Sophokles vor nahezu zweieinhalb Jahrtausenden seine Antigone während einer hinsichtlich der attischen Demokratie brisanten Periode auf die Bühne brachte, wussten die Zuschauer nur allzu gut, wovon da die Rede war. Es ging um einen religionsbildnerisch relevanten Konflikt zwischen Familie und politischer Machtinstanz hinsichtlich der Bestattungsrituale. — Das darf allenfalls als eine Art allerkleinster gemeinsamer Nenner aller seither erfolgten Bearbeitungen und Interpretationen dieses Mythen-Stoffes gelten können. — Die Aktualisierungen erfolgten immer wieder in Phasen politischer Turbulenzen und artikulierten sich als ziviler Ungehorsam gegen Zugriffe äußerer Mächte auf den engeren Sozialverband und dessen sakrosankte Bindungen. Die Auseinandersetzung mit diesem Stoff setzte verstärkt nach der Französischen Revolution im Kreis um Hölderlin ein und bleibt sowohl künstlerisch als auch philosophisch aktuell. Im Rahmen der vorliegenden Abhandlung sollte an dieser Stelle nur auf die enge Verflechtung zwischen kulturellem Gedächtnis und bestimmten hervorragenden Ausdrucksformen individuellen religionsbildnerischen Potentials hingewiesen werden, wie sie etwa der fortbestehenden künstlerischen Aussagekraft dieses mythischen Stoffes zu Grunde liegt. Diese Aussagekraft kennzeichnet insbesondere auch das Antigone-Geschehen als deutliches Implikat der kulturanthropologischen Invariante, Religionen zu bilden.

Zwischenresümee

Die bisher bezüglich des in der Abhandlung verfolgten Anliegens detailliert aufgezeigten Befunde und Beobachtungen sollten plausibel machen, dass die kulturanthropologische Invariante, Religionen zu bilden, wahrscheinlich in einer phylogenetisch fundierten und archaisch funktional verschalteten Veranlagung des menschlichen Gehirns verankert sein dürfte.

Diese Genese lässt sich von den kulturanthropologischen Befunden aus zurückverfolgen. Die hier erkennbaren mythischen Signaturen finden sich sowohl durch ethnologische Erkenntnisse wie auch in frühen Texten von philosophischem Rang, wie den Veden, recht deutlich als vorgeschichtlicher Herkunft bestätigt. Unter psychoanalytischem Aspekt lassen sich prägnante Zusammenhänge zwischen Mythenbildung und der als sehr wahrscheinlich anzunehmenden existenziellen Befindlichkeit des archaischen Menschen erkennen. Die psychoanalytische Erschließung des Traumerlebens eröffnet den Zugang zu spezifisch neuropsychologischen und neurophysiologischen Fragestellungen und zur von daher begründbaren Annahme, dass sich das Kommunikationsmedium Sprache angesichts der prekären Konfrontation zwischen biologischem Überlebenstrieb und Todesangst als Hervorbringung des biologischen Imperativs herausbilden musste.

Dieser sich hominid spezifizierende biologische Überlebens-Imperativ hat paläanthropologischen Befunden zufolge allem Anschein nach bereits vor annähernd zwei Millionen Jahren die phylogenetische Herausbildung des Antizipationsvermögens als intellektuell effektive Basis vorausdenkender Lebenssicherung ausgelöst. Sobald dieses Antizipationsvermögen beim Späthominiden und archaischen Menschen in einer Wendung von der Außenbeobachtung auf das Beobachtungssubjekt selbst die Erkenntnis der unausgesetzten tödlichen Bedrohtheit aufgebracht zu haben scheint, musste das menschliche Gehirn offenbar eine Strategie der Beschwichtigung jener intellektuellen Komponente des Überlebens-Imperativs entwickeln, um die diesbezügliche Antizipation von ihrem Stresspotential zu entlasten. — Somit erweist sich die hintergründige Fähigkeit des Menschen, sich selbst zu belügen, als ein vermutlich archaisches Erbe.

Dieses im ersten Teil der Abhandlung als religionsbildnerisches Potential vorgestellte Erbe scheint seine Funktion, die emotionale Balance des Menschen angesichts der Antizipation des unausweichlichen eigenen Todes gewährleisten zu müssen, für das moderne Erkenntnissubjekt insofern beibehalten zu haben, als es aufkommende intellektuelle Einwände gegen vermeintliche Glaubenswahrheiten allem Anschein nach immer wieder abzuwehren vermag. Der auf diese Weise bis in die Gegenwart zu Tage tretenden rigiden Durchsetzungskraft jener primär religionsbildnerischen Denkstrukturen und ihrer ethischen Dimension gilt hinsichtlich deren aller Wahrscheinlichkeit nach archaischen Genese der zweite Teil der hier vorliegenden Abhandlung.

Überleitung zu Teil II

Die Frage nach einem einleuchtender Weise annehmbaren naturalistischen Ursprung der Religionsbildung verlangt, insbesondere auch angesichts der ganz offensichtlich selbst in religionskritischen Schriften sich hinsichtlich einer Gottesexistenzannahme behauptenden Durchsetzungskraft der sogenannten Glaubenswahrheiten, nach einer als plausibel akzeptablen Antwort.
Im ersten Abhandlungsteil konnten zahlreiche Indizien dafür gesammelt werden, dass das Einsetzen der stets mit Religionsbildung einhergehenden Kulturentwicklung mit der aller Wahrscheinlichkeit nach im Gehirn des archaischen Menschen erfolgten Herausbildung einer Strategie zur offenbar überlebensrelevanten Todesangstbewältigung zusammenfällt. Indem, wie dargestellt worden ist, diese Strategie als unverzichtbares emotionales Korrektiv des zu krasser Todesangst eskalierenden Antizipationsvermögens entstanden zu sein scheint, könnte der bis in die Gegenwart fortbestehende Widerspruch zwischen Erkenntnisstreben und Glaubensbedürftigkeit sich als Entsprechung des archaischen Erbes begreifen lassen. Unter diesem Aspekt nimmt der in religionsapologetisch erkenntniskritischen Schriften auftretende Widerspruch selbst Indizcharakter an. Das heißt, er spricht schon allein als solcher, auch in seiner religionskritisch atheistischen Modifikation, für die Richtigkeit der im ersten Teil der vorliegenden Studie anhand ihrer als wahrscheinlich aufgezeigten hirnorganischen Grundlage vorgeschlagenen naturalistischen Erklärung der Religionsbildung.
Im hier einsetzenden zweiten Abhandlungsteil geht es zunächst darum, dieses Aufeinandertreffen von Erkenntnisstreben und Glaubensverteidigung bei Descartes, Spinoza und Kant auf der Grundlage einschlägig signifikanter Textpassagen aufzuzeigen. Hierbei werden die jeweils deutlich primär erkenntnisleitenden Anliegen zu unterscheiden sein. Während Descartes offenbar vor allem seine vom erfolgten Erkenntnisgewinn zutiefst bedrohte Glaubensgewissheit zu verteidigen trachtet, führt Kant vor, wie sich die unerträgliche Einsicht in die Unbeweisbarkeit der Glaubensgrundlage einer Gottesexistenz – durch deren Immunisierung als menschlicher Erkenntnis nicht zugänglich – abwehren und dieser für ihn explizit glaubensnotwendige Gott als Moralinstanz in Anspruch nehmen lässt. Spinozas Religionskritik erfolgt offensichtlich unter primär ethischem Aspekt. Sie gilt zwar durchaus auch, aber in deutlich anderer Weise, den menschlichen Unzulänglichkeiten im Umgang mit der grundsätzlich außer Frage bleibenden Gottesexistenz. Spinoza weist jedoch unter prinzipieller Wahrung der Integrität seiner Erkenntnisklarheit die Annahme eines angeblich personalen Gottes zugunsten einer nicht personalen >göttlichen Natur< zurück.
Schließlich soll die Betrachtung der jeweils als Hauptwerk geltenden Schriften Heideggers und Sartres in die hier vorliegende Abhandlung einbezogen werden, da beide Autoren in diesen Texten eine prinzipiell beziehungsweise explizit atheistische Existenzialphilosophie vertreten.

Teil II
Durchsetzungskraft und ethische Dimension der kulturanthropologischen Invariante, Religionen zu bilden

1) René Descartes
Erkenntniswille und Glaubensbefriedigung

Descartes' Erkenntnisstreben scheint ihn in existenziell beunruhigender Weise mit seinem Zweifel an der Glaubensgrundlage einer Gottesexistenz konfrontiert zu haben. Dafür spricht seine Skepsis gegenüber jeglichem erworbenen Wissen, denn an jener Gottesexistenz zweifeln zu sollen, mag für ihn geheißen haben, das Fundament der Welterkenntnis überhaupt in Frage stellen zu müssen.

René Descartes sucht Wahrheit um der Erkenntnisgewissheit willen und „hatte immer großes Verlangen, Wahres von Falschem unterscheiden zu lernen, um in (seinen) Handlungen klar zu sehen und in dieser Welt sicher zu gehen".[28] Er will sein Denken keineswegs als revolutionär und schon gar nicht als religionskritisch missverstanden wissen.(RD/21,25,39) Gleichwohl hält er für „gut ..., selbst die abergläubischsten und falschesten (Lehren geprüft zu haben), um ihren wahren Wert kennen zu lernen und sich zu hüten, von ihnen getäuscht zu werden".(RD/11) Er verwirft die ethischen Ansätze der Antike, die er mit „stolzen und prächtigen Palästen (vergleicht), die nur auf Sand und Staub gebaut (seien,) Fühllosigkeit oder Hochmut, Verzweiflung oder gar Verwandtenmord" zuließen.(RD/13) Dabei würdigt er allerdings zumindest die antike Haltung des bewussten Verzichtes auf unverfügbare Glücksgüter als Voraussetzung gelassener Zufriedenheit.(Vgl. RD/43)

Hinsichtlich der seitens der Theologen seiner Zeit vertretenen Auffassung, „dass die offenbarten (Glaubens-) Wahrheiten ... unsere Fassungskraft übersteigen" wird er entgegen seiner früheren unreflektierten Akzeptanz es nun doch „unternehmen, sie zu prüfen," und er signalisiert, dass er „damit Erfolg haben" wird.(RD/15) Sein explizites Anliegen besteht darin, „Wahres von Falschem unterscheiden zu lernen, ... nichts allzu fest zu glauben, wovon man (ihn) nur durch Beispiel und Herkommen überzeugt hatte".(RD/17) Von diesem Vorsatz bleibt jedoch durchaus unberührt, was auch dem methodischen Skeptiker Descartes „ganz gewiss ist, dass die Verfassung der wahren Religion, die Gott allein vorgeschrieben hat", über allen Zweifel erhaben sein muss.(RD/21) Er gibt vor, im Verfahren einer Art von Epoché Grundsätze ausblenden zu wollen, „die (ihm) in (seiner) Jugend eingeredet wurden".(RD/23) In diesem Zusammenhang deutet er nicht näher definierte „Schwierigkeiten" an, distanziert sich jedoch nachdrücklich von etwaigen umstürzlerischen Folgerungen. Der Staat von Gottes Gnaden ist ihm unantastbar. Er versichert zudem, keine seiner zunächst ungeprüft übernommenen Überzeugungen völlig zu verwerfen, bevor er sich einer Methode vergewissert habe, „die zur Erkenntnis aller Dinge führt, die seinem Geist fassbar wären".(Vgl. RD/27,29)

---

[28] Vgl. René Descartes; >Discours de la méthode> Meiner Hamburg 1990 Seitenzahlen im Text mit RD/,hier 17

Descartes erkennt durchaus die kulturspezifische Relativität jeweiligen Vernunftgebrauchs und sozialisationsabhängiger „Gesinnungen, ... so dass es viel mehr Gewohnheit und Beispiel ist, was unser Urteil bestimmt, als irgendeine sichere Einsicht, und Stimmenmehrheit (ist) gleichwohl kein Beweis ... für schwer zu entdeckende Wahrheiten“.(RD/27) In Anlehnung an mathematische Denkmodelle seiner Zeit erstellt Descartes ein Konzept seiner Verfahrensweise. Als dessen Hauptkomponente definiert er sein Kriterium der Evidenz, als wahr nur anzuerkennen, „was sich (seinem) Denken ... so klar und deutlich (darstelle), dass (er) keinen Anlass (habe), daran zu zweifeln“. Problemanalyse, Lösungskonzept und Strukturierung der Problemlösung bilden die wesentlichen Vorgehensphasen.(vgl. RD/31f)

Zur Überbrückung jener Husserl vorweggedachten Art einer Epoché, „alle schädlichen, in früherer Zeit angenommenen Überzeugungen in (seinem) Geiste auszurotten“, vergewissert Descartes sich einer sehr strikt abgesicherten „Moral auf Zeit“.(RD/37,39) Einerseits bietet sich zwar an, seine Versicherung, „den Gesetzen und Sitten (seines) Vaterlandes ... gehorchen, an der Religion beharrlich“ festhalten und sich jeglicher Übertreibungen enthalten zu wollen, als taktische Vorsorge gegen den zu erwartenden Vorwurf der Ketzerei aufzufassen. Die hinsichtlich der erhaltenen religiösen Erziehung verwendete Formulierung „an der Religion ... in der ich **durch Gottes Gnade** seit meiner Kindheit unterrichtet worden bin“, deutet jedoch klar darauf hin, dass die Existenz dieses Gottes keinesfalls etwa in die Menge jener „schädlichen, in früherer Zeit angenommenen Überzeugungen“(RD/37) einbezogen wird. Im Falle einer solchen Einbeziehung wäre der Verweis auf „Gottes Gnade“ zumindest verzichtbar, wenn nicht sogar unwahrhaftig. Dass diese Einbeziehung nicht erfolgt, wird offenkundig, sobald Descartes die Regeln seiner >Moral auf Zeit< „mit den Glaubenswahrheiten, die unter (seinen) Überzeugungen immer den ersten Platz innegehabt haben,“ beiseite setzt, um „bezüglich all (seiner) übrigen Überzeugungen frei zu sein“.(RD/47) Descartes' Vorsatz, sein Verhalten während der ausgesetzten Geltung seiner eigenen Überzeugungen am Handeln derer zu orientieren, aus deren Taten er auf ihre wirklichen Überzeugungen schließen könne, signalisiert seine implizite Zuversicht, die Gottesexistenz beweisen und somit seine eigene >wirkliche Überzeugung< in der Tat erfolgreich sichtbar machen zu können. Bereits im Entwurf seiner >Moral auf Zeit< räumt Descartes derjenigen Komponente des suchenden Denkens, die in der hier vorliegenden Studie als religionsbildnerisches Potential aufgefasst wird, weitreichende Macht ein, indem er sich seinem Grundsatz gemäß vornimmt, „den zweifelhaftesten Ansichten, wenn (er sich) einmal für sie entschieden hätte, nicht weniger beharrlich zu folgen, als wären sie ganz gewiss“.(RD/41)

Auch jene von ihm für ganz unbestreitbar richtig gehaltene „Forderung, dass wir, wenn es nicht in unserer Macht steht, die wahrsten Ansichten zu erkennen, den wahrscheinlichsten folgen sollten ... und sie hernach ... als ganz wahr und ganz sicher ansehen, weil der Grund, der uns dazu bewogen hat, doch wahr und sicher ist“, verweist deutlich auf den Einfluss seines religionsbildnerischen Potentials.(RD/41) Sogar sein Erkenntnisstreben findet Descartes insofern ausschlaggebend legitimiert, als seiner Auffassung nach „Gott jedem von uns ein Licht gegeben hat, Wahres und

Falsches zu unterscheiden“.[RD/45] Selbst wenn Descartes die >Moral auf Zeit< allein zur Abwehr des auch ihn bedrohenden Häresieverdachtes verfasst haben sollte, sind diesem Text eben um seiner Wirksamkeit willen die ganz spezifischen Merkmale des religionsbildnerischen Potentials eingeschrieben. Dass er die „Glaubenswahrheiten, die unter (seinen) Überzeugungen immer den ersten Platz innegehabt haben“,[RD47] von den zu bezweifelnden Überzeugungen ausnimmt, spricht, selbst wenn es als Taktik aufgefasst werden könnte, für die diesen vermeintlichen Wahrheiten offenbar bedingungslos eingeräumte Unhintergehbarkeit, wie sie sich hinsichtlich des religionsbildnerischen Potentials immer wieder als charakteristisch zu erweisen vermag.
Descartes' Hinweis darauf, dass „der geistige Akt, durch den man etwas glaubt, verschieden ist von dem, durch den man erkennt, dass man es glaubt“, spricht dafür, dass er Erkenntnis und Glauben als verschiedene Komponenten des Denkens begreift.[RD/39] Derartige Einsicht bietet sich als weiteres Indiz für den beim archaischen Menschen vermuteten Widerstreit zwischen Antizipationsvermögen und Todesangstbewältigung an. Dieser anscheinend archaische Konflikt lässt sich in seiner modernen Version zwischen Erkenntniserfolg und starkem Glaubensverlangen wiedererkennen. Descartes' >Moral auf Zeit< umfasst sowohl eine religiös begründete Legitimation seines Erkenntnisstrebens als auch eine Rückversicherung hinsichtlich seiner sozialen Einbindung. Die >Glaubenswahrheiten< bleiben dem Erkenntnisstreben übergeordnet, und die grundsätzliche Geborgenheit im Sozialverband darf offenkundig durch keinerlei Erkenntnis gefährdet werden. Diese >Moral auf Zeit< räumt der im oben definierten Sinne als religionsbildnerisches Potential begreifbaren Komponente der Denkstruktur dem Erkenntnisstreben gegenüber deutlich Vorrang ein. Sie fördert im Denken Descartes' zudem die ethische Dimension der Religionsbildung zu Tage und bestätigt darüber hinaus in einer gewissen modifizierten Weise die fortbestehende >Überlebensrelevanz< des religionsbildnerischen Potentials:
Unter Berücksichtigung psychoanalytischer Einsichten kann vielleicht versucht werden, der Befindlichkeit des archaischen Menschen angesichts der bedrohlichen Antizipation des eigenen Todes nachzusinnen. Zumindest ebenso schwierig wird sein, die emotionale Verfassung eines Denkers der durch Kirchenspaltung und Dreißigjährigen Krieg gekennzeichneten Epoche zu erahnen, dessen Erkenntnisstreben das Fundament seines Weltbildes in eine Illusion von Traumgehaltqualität aufzulösen droht.
Auch für Descartes könnte also die primär phylogenetisch verankerte Zuverlässigkeit seines religionsbildnerischen Potentials möglicherweise in zweifacher Hinsicht allen Ernstes überlebensrelevant gewesen sein. Falls die von Eike Pies vorgelegte Darstellung der Umstände im Zusammenhang mit dem Tode Descartes' zutrifft, hat dieses Potential ihn vor der Ermordung durch Gegner, denen die subversive Brisanz seines Denkens kaum entgehen konnte, dennoch nicht zu schützen vermocht.[29] Das wäre umso tragischer, als sein

[29] Vgl. Eike Pies; >Der Mordfall Descartes< Brockhaus Solingen 1996

>Gottesbeweis< ganz offensichtlich durchaus keineswegs lediglich als selbstgefälliger Akt erkenntnistheoretischer Denkakrobatik entfaltet wird. Die subtil vollzogene Überlistung der strikt methodisch-skeptischen Introspektion durch das stets wachsame religionsbildnerische Potential führt dessen rigide Unüberstimmbarkeit in geradezu beispielhafter Weise vor. Diese Überlistung wird im zweiten Grundsatz der „Moral auf Zeit" vorbereitet, wonach Descartes sich auferlegt, „den zweifelhaftesten Ansichten, wenn (er sich) einmal für sie entschieden hätte, nicht weniger beharrlich zu folgen, als wären sie ganz gewiss". Er unterwirft sich der „Forderung, dass wir, wenn es nicht in unserer Macht steht, die wahrsten Ansichten zu kennen, den wahrscheinlichsten folgen sollten ... und sie hernach ... als ganz wahr und ganz sicher anzusehen, weil der Grund, der uns dazu bewogen hat, doch wahr und sicher (sei)".[(RD/41)] Diese Qualität unumstößlicher Wahrheit wird ausnahmslos den vermeintlich offenbarten sogenannten Glaubenswahrheiten unterstellt. Von daher behauptet sich die immunisierende Durchsetzungskraft des religionsbildnerischen Potentials gegenüber dem Erkenntnisstreben des redlichen Intellektes, der immer die Irrtumsmöglichkeit einzuräumen haben wird.

Ein solcher Irrtum unterläuft Descartes in der Annahme, „unsere Gedanken (stünden) völlig in unserer Macht".[(RD/43)] Wenn das so wäre, gäbe es weder kreatives Denken noch antizipatorisches Erwartungsvermögen oder gar Zukunftsangst. Die postulierte Gedankenfreiheit unterliegt der Kontrolle durch das individuelle religionsbildnerische Potential, denn unser Denken hat sich jeweils, wie im ersten Abhandlungsteil dargelegt werden konnte, in der Auseinandersetzung mit der sozialen Umwelt herausgebildet. Diese wiederum erweist sich als durch das kollektive religionsbildnerische Potential der Individuen der Gesellschaft geprägt. Unser Handeln jedoch unterliegt immerhin im Rahmen jeweils persönlicher Verantwortlichkeit unserer alleinigen Herrschaft. Descartes setzt jener vermeintlichen Macht über unsere selbstbestimmten Gedanken allerdings auch die individuelle Ohnmacht hinsichtlich sozialisationsbedingter und als schicksalhaft zu bewältigender Umweltfaktoren entgegen. In diesem Zusammenhang räumt er der Stoa ein, ihren Anhängern bei der psychischen Bewältigung ihrer Ohnmacht geholfen zu haben.[(RD/43f)]

Im Vertrauen darauf, dass „Gott jedem von uns ein Licht gegeben (habe), Wahres von Falschem zu unterscheiden", verfolgt Descartes sein Anliegen, „(seinen) Verstand zu kultivieren (und) in der Erkenntnis fortzuschreiten".[(RD/45)] Dieses Licht jedoch wird ihm folglich seitens seines religionsbildnerischen Potentials abgeschirmt. Das erhellt schon allein daraus, dass er seine selbstgesetzten Regeln „mit den Glaubenswahrheiten, die unter (seinen) Überzeugungen immer den ersten Platz innegehabt haben", für sich selbst gleich verbindlich setzt.[(RD/47)] Vom gesicherten Bestand seiner „Moral auf Zeit" aus lässt Descartes sich auf seiner „Suche nach der Wahrheit" in das Wagnis ein, „all das als völlig falsch (zu) verwerfen, wofür (er sich) nur den geringsten Zweifel ausdenken könnte, um zu sehen, ob danach nicht irgendeine Überzeugung zurückbliebe, die gänzlich unbezweifelbar wäre".[(RD/53)]

Descartes unterliegt dem Irrtum vermeintlicher Gedankenautonomie, indem er davon ausgeht, die prägende Macht der sozialen Umwelt auf sein individuelles

Denken vollständig außer Kraft setzen zu können. Er lässt als Täuschungspotential vordergründig zunächst die Sinneswahrnehmungen und allenfalls intellektuelle Fehlleistungen im Bereich der Mathematik zu. Ferner setzt er ausgerechnet Traumgehalte als Kriterium dafür ein, dass jedwedes Gedankengut lediglich fiktional, das heißt, möglicherweise ohne jeglichen Wirklichkeitsbezug sein könnte. Dabei entgeht ihm, dass Denken überhaupt nur in Auseinandersetzung mit der phänomenalen und sozialen Wirklichkeit ausgebildet werden kann. Das ist umso erstaunlicher, als er ja durchaus an sich selbst erfahren zu haben scheint, wie man ihn „nur durch Beispiel und Herkommen"(RD17) hatte überzeugen können.
Descartes' epochemachende Entdeckung, „ich denke, also bin ich" setzt den Prozess voraus, der sich als kulturspezifische Ausreifung seines Gehirns in der Auseinandersetzung mit seiner sozialen Umwelt vollzogen hat. Dieses Wissen stand Descartes nicht zur Verfügung. Als Denker seiner Zeit gibt er jedoch die Einheit des denkenden Ich preis und einer vermeintlichen Spaltung[30] in Leib und Seele anheim. Zu diesem Irrtum nötigt ihn sein religionsbildnerisches Potential, das ihm auferlegt, an eine körperlose Geist-Instanz zu glauben. Descartes braucht also offenbar die Körperlosigkeit des menschlichen Geistes als kommunikativen Verständigungsbereich zwischen dem vermeintlichen Schöpfergott und dessen angeblichem Geschöpf. Der Körper wird zum auferlegten Problem, das kraft geistigen Vermögens ausgehalten zu werden hat. Um sich über diese anrüchige Körperlichkeit erheben zu können, gewährt ihm sein religionsbildnerisches Potential die vermeintliche Erkenntnis, „dass (er) eine Substanz (sei), deren ganzes Wesen oder deren Natur nur darin (bestehe), zu denken und die zum Sein keines Ortes (bedürfe), noch von irgendeinem materiellen Dinge (abhänge), so dass dieses Ich, d.h. die Seele, durch die (er) das (sei), was (er sei), völlig verschieden (sei) vom Körper, ja dass sie sogar leichter zu erkennen (sei) als er, und dass sie, selbst wenn er nicht wäre, doch nicht aufhörte, alles das zu sein, was sie (sei)".(RD/55)
Antonio Damasio hat insbesondere diesbezüglich Descartes' Irrtum als solchen und die Körperlichkeit der Seele empirisch nachgewiesen. Die in Descartes' dualistischem Irrtum enthaltene Entkörperlichung der Seele legt das zu vermutende fundamentale archaische Erbteil des religionsbildnerischen Potentials bloß:
Der allem Anschein nach wissend gewordene archaische Mensch hat sich offenbar zum Erkenntnissubjekt fortentwickelt, das die Glaubwürdigkeit der ursprünglichen Traumbegegnungs-Interpretation verloren hat. Es scheint des Verstorbenen Seele deren verwesenden Körpers entledigen zu müssen, um wenigstens die archaische Unsterblichkeitsfiktion retten zu können.(RD/97) Der religionsbildnerisch angelegte Konflikt wird also zwischen redlichem Intellekt des Erkenntnissubjektes und naiver Glaubensbedürftigkeit des (*allzu*) wissend gewordenen Menschen ausgetragen werden müssen.

[30] Diese Denkfigur wird Sartre als ein >Auseinanderklaffen< erkennen, das dem Vermögen des Menschen zu Grunde liegt, bewusst über seine rein empirische Existenz hinauszudenken.

Descartes stellt offensichtlich seine überragende intellektuelle Kompetenz in den Dienst seines religionsbildnerischen Potentials, um — wider redliches Wissen — glaubensfest sein zu dürfen. Er definiert seinen ursprünglich auf Erkenntnisgewissheit ausgerichteten methodischen Skeptizismus in einer Weise um, wonach dieser dem Erkennen zu Diensten, also untergeordnet sei. Diese Degradierung nimmt er sodann für sich als zweifelndes Ich in Anspruch, um die Vorstellung einer über solches Zweifeln erhabenen höheren Instanz erdenken zu können.[RD/55f] Descartes vergewissert sich, in Bezug auf die gesuchte Glaubwürdigkeit, der Abstraktheit geometrischer Figuren und setzt dieser Abstraktheit seine subjektive „Vorstellung von einem vollkommenen Wesen“ als für sein Bedürfnis zuverlässigere Quelle der soliden Existenzgewissheit hinsichtlich dieses >vollkommenen Wesens< entgegen.[RD/61] Eben diese >Vorstellung< jedoch bildet sich, nach allem was sich in dieser Studie an Indizien hat zusammentragen lassen, unter dem emotional unterhaltenen Imperativ des religionsbildnerischen Potentials im kulturspezifisch ausgereiften menschlichen Gehirn René Descartes'. Dieser nimmt seine subjektive >Vorstellungsgewissheit< als vermeintlich von >Gott< gegebene Grundlage jeder möglichen Erkenntnisgewissheit in Anspruch. In gewisser Weise kommt diesem Anspruch sogar eine subtile Akzeptanz zu. Er lässt sich insofern einräumen, als das ursprünglich im menschlichen Gehirn archaisch angelegte religionsbildnerische Potential allem Anschein nach tatsächlich als unverzichtbare Ausgangsstruktur jeglicher Kulturentwicklung aufgefasst werden kann.

Descartes gelangt mit seinem Erkenntnisstreben in die Situation, seinen Denkapparat als Erkenntnisinstrumentarium auf dieses selbst anwenden zu wollen, um sich der Zuverlässigkeit desselben zu vergewissern. Das setzt eine prekäre, spezifisch-denksysteminterne Subjekt-Objekt-Konstellation, beziehungsweise ein Kompetenzgefälle zweier Komponenten in diesem Denksystem voraus. So wird bei Descartes die strikt methodisch-skeptische Introspektion zur Strategie einer erschlichenen Vergewisserung hinsichtlich der benötigten fundamentalen >Glaubenswahrheit< einer Gottesexistenz.

Descartes ist dem aller Wahrscheinlichkeit nach tatsächlichen Sachverhalt, dass dieser >Schöpfergott< als Produkt menschlichen Denkens begriffen zu werden hat, bedrohlich nahe gekommen. In dieser denkerisch brisanten Konstellation müssen das Wissen um die Macht der Inquisition und die subjektiv bestürzende Ungeheuerlichkeit einer derart sich abzeichnenden Einsicht, dass der Mensch sich als >Schöpfer< seiner jeweiligen Götter zu begreifen hat, die rettende Flucht in den religionsbildnerisch diktierten >Gottesbeweis< geradezu unausweichlich gemacht haben.

Ohne jeglichen Rückgriff auf irgendeinen obsoleten Lamarckismus drängt sich zwischen jener anzunehmenden entwicklungsgeschichtlich prekären Phase der neuronalen Organisation des Menschen einerseits und einer in philosophischen Schriften dokumentierten geistesgeschichtlich krisenhaften Situation des menschlichen Denkapparates zum anderen ein — wenn auch recht gewagter — Vergleich auf: Die im ontogenetisch hochausgereiften Gehirn einsetzende eindringliche Suche nach einer erkenntnistheoretisch zu erbringenden logisch konsistenten Beweisbarkeit der Gottesexistenz scheint ihrer geistesgeschichtlich krisenhaften Motivation nach auf eine im weitesten Sinne nicht gänzlich unvergleichbare Qualität hinzudeuten, wie sie in entwicklungsgeschichtlicher Hinsicht, nach allem, was in der vorliegenden Studie an Indizien zusammengetragen werden konnte, für die vermutete überlebensrelevante Konfrontation des Späthominiden mit der offenbar auf den eigenen Tod hin präzisierten Antizipationsfähigkeit anzunehmen sein dürfte. Das heißt auch, das archaische Gehirn scheint jenen >Gott< als Spätfolge seiner Überlebensstrategie heraufbeschworen zu haben, dessen glaubhafte Existenz beweisen zu sollen, dem modernen Denken zunehmend unmöglicher zu werden verspricht.

2) Baruch de Spinoza
Naturalisierung des Monotheismus

Auch Spinozas Denken gehört jener nachreformatorischen Epoche des philosophischen Ringens um die über den Erkenntnisfortschritt hinaus zu bewahrende Glaubensgewissheit an. Während in Descartes' Frühschrift, >Discours de la méthode< die ethische Dimension der Religionsbildung weitgehend vom Problem des Erlangens absoluter Erkenntnisgewissheit überdeckt wird, bringt Spinoza diese Dimension im Rahmen seiner Schrift, >Die Ethik nach geometrischer Methode dargestellt<[31] von allem Anfang an dezidiert religionskritisch zur Geltung. Seine Religionskritik schließt die Zurückweisung der Existenz eines personalen Gottes ein, ohne hiermit eine Beseitigung jeglichen Glaubensgrundes zu verbinden. Nur „wenn Gott von Anfang an mit dem Gott der katholischen Theologie gleichgesetzt wird, einer freien Person, die die Welt geschaffen hat, die urteilt, belohnt und straft; in bezug auf diesen Gott ist er ein Atheist. ... Der Gott Spinozas ist ein Lebensprinzip“.[32]

Angesichts der durch die Mathematik eröffneten Möglichkeit, die in dieser Wissenschaft gewährleistete Zuverlässigkeit gefundener Problemlösungen methodologisch für Erkenntnisgewinn schlechthin nutzbar machen zu können, nimmt Spinoza diese Möglichkeit als Methode für die Verfassung seiner Ethik wahr. Er trifft diese Methodenwahl, um „der finalistischen Illusion zu entrinnen“,[(Mo/43)] welche nahelegt zu glauben, es gebe eine Mittel-Zweck-Beziehung zu Gunsten des Menschen in der Natur. Das kommt bereits im Anhang des ersten, >Von Gott< betitelten Teiles der Ethik zum Ausdruck, wo Spinoza schreibt: „Und da alle Vorurteile, die ich hier zu besprechen gedenke, von dem einen abhängen, dass nämlich die Menschen gemeiniglich annehmen, alle Dinge in der Natur handelten, wie sie selber, um eines Zweckes willen, und sogar als gewiss behaupten, dass Gott selbst alles auf einen bestimmten Zweck hinleite, ... so werde ich zuvörderst dies eine

[31] Baruch de Spinoza; >Die Ethik nach geometrischer Methode dargestellt< Meiner Hamburg 1994 Verweise mit SE/Sz. im Text

[32] Vgl. P.-F. Moreau; >Spinoza Versuch über die Anstößigkeit seines Denkens< Fischer Ffm 1994 Verweise mit Mo/Sz. im Text

Vorurteil betrachten.“[(SE/40)] Wie für Descartes, ist für Spinoza >Gott< hinsichtlich seiner Existenz offensichtlich prinzipiell nicht bezweifelbar. Die für Descartes eher erkenntnistheoretische Problematik ergibt sich für Spinoza jedoch unter seinem deutlich ethisch orientierten Aspekt als ein Resultat menschlichen Missverstehens und interessegeleiteter Fehlinterpretationen der Gottesexistenz.
Spinozas formaler Ansatz einer Darstellung >nach geometrischer Methode< erschöpft sich also nicht in einer Verwendung mathematischer Symbolik zur Plausibilisierung der erkannten Zusammenhänge. Er zielt auf Ausschaltung der kritisierten Vorurteile und auf eine Gleichsetzung der Erkenntnisqualität hinsichtlich mathematischer und ethischer Einsichten. „Einem Dreieck gegenüber fragt sich der Mathematiker nicht, wozu es dient und welcher Wille es zu diesem Zweck geschaffen hat: Er fragt nach seiner Definition und nach den Eigenschaften, die aus dieser Definition deduziert werden können.“[(Mo/43)] Demgemäß verfährt Spinoza, indem er eigene Definitionen, Grundsätze, Lehrsätze, Anmerkungen und Anhänge formuliert. Er „bedient sich hier eines in seiner Zeit weit verbreiteten Beweisverfahrens“, das bei ihm allerdings „keine bloß äußerliche Einkleidung eines Sachverhaltes [ausmacht], der sich auch anders darstellen ließe, sondern die der Sache allein angemessene Form der Darstellung“ ermöglicht.[33]

Die Anwendung dieses Denksystems auf eine sichtlich ethisch motivierte Auseinandersetzung mit dem tradierten Gotteskonzept verdeutlicht Spinozas offenbar intuitive Einsicht in die prinzipiell naturalistische Relevanz der Komponente sozialer Kompetenz in religionsbildnerischen Konzeptionen. Spinozas methodisches Gerüst erweist sich als in sich selbst verstrebte Konstruktion, deren religionskritische Brisanz sich als geometrisches Analogon maskiert. Indem Spinoza hinsichtlich seines Gotteskonzeptes eine axiomatische Fundierung vorgibt, scheint er einerseits davon auszugehen, dass >Gott< ein ebenso selbstevidentes Prinzip ist, wie die erkannten mathematischen Gesetzmäßigkeiten. Andererseits unterstellt er eben damit, dass >Gott< nur eine naturimmanente und keine übernatürliche Entität sein kann. Von dieser Überlegung her bietet sich an, seine Ausdrucksweise hier schon vorab, wie später eingehender, einer in dieser Hinsicht sensibilisierten Lektüre zu unterziehen. So folgt bereits aus Grundsatz 7, „Was sich als nicht existierend denken lässt, dessen Wesenheit schließt die Existenz nicht ein“ und Lehrsatz 11, „Gott oder die Substanz ... existiert notwendig“ in Verbindung mit dem Beweis hierzu, es sei ungereimt, die Existenz >Gottes< vermittels eines Denkaktes zu verneinen,[(SE/11)] dass das Konzept >Gott< nur insofern existiert, als es im Denken des Menschen vorkommt. Das heißt implizit allerdings auch, selbst in der Verneinung bleibt das — in welcher Form auch immer tradierte — Konzept >Gott< im Denken des Menschen notwendigerweise als Naturprodukt präsent. In Spinozas Bemühen um ein entkonfessionalisiertes Gotteskonzept tritt allem Anschein nach eine sich bereits aufklärerisch ankündigende, >irgendwie in der Luft liegende< Denkbewegung seiner Zeit zu Tage.

[33] Vgl. Wolfgang Bartuschat; >Baruch de Spinoza< C. H. Beck München 1996 Sz. mit WB/ im Text, hier 50,52

Spinozas Ethik wird, wie seine Philosophie überhaupt, insbesondere auch als eine „Widerlegung der cartesianischen Strömung" aufgefasst.(MO/38) Descartes erzeigt sich zumal in seinem >Discours de la méthode< eben jenen Vorstellungen verpflichtet, die Spinoza als Vorurteile verwirft. Dieser hält den Menschen beispielsweise **nicht** für ein Geschöpf, das exklusiv von Gott mit einem >Licht< ausgestattet wäre, „Wahres und Falsches zu unterscheiden".(RD45) Spinozas „eigenes Projekt ... besteht (darin), vom Menschen als einem Naturobjekt zu sprechen, das wie jedes andere dem Gesetz der Notwendigkeit unterworfen ist."(Mo39) Hinsichtlich des Begriffes >Notwendigkeit< hat Spinoza eine als >Wirkungskraft< begreifbare und von der üblicherweise im Sinne eines >Gezwungenseins< gebrauchten zu unterscheidende Verwendung. Dieser Unterschied findet sich unter anderem in seiner Definition 7 des ersten Teiles der Ethik verdeutlicht. Dort heißt es: „Das Ding soll **frei** heißen, das nur **kraft der Notwendigkeit seiner Natur** existiert, und **allein durch sich selbst** zum Handeln bestimmt wird; notwendig dagegen oder besser **gezwungen**, das Ding, das **von einem anderen bestimmt** wird, auf gewisse und bestimmte Weise zu existieren und zu wirken."(SE/4)

In gewisser Weise hebt Spinoza die in der kultischen Personalisierung bestimmter Naturphänomene aufgenommene Praxis einer Vergöttlichung der Natur in seiner Naturalisierung des Monotheismus auf. Sein Denken lässt alle Stadien menschlichen Begreifenwollens hinsichtlich der Stellung des Menschen gegenüber der Natur hinter sich. Er überführt die archaisch eingeleitete und fortan >kultivierte< Konfrontation des Menschen mit der Natur in seine, kraft Erkenntnisstrebens, wiedererlangte Integration als Eingeborener, der sich als einsichtig gewordene, im Wirken der Natur erfolgte Hervorbringung begreift. Damit überwindet Spinoza in seinem Denken selbst die Spätfolge jener primären Vergöttlichung herausragender Naturphänomene, die sich als anthropomorpher Monotheismus auszubreiten vermocht hat. Sein offenkundiges Anliegen, die Natur als umfassendes Ganzes von göttlicher Dimension zu Tage treten zu lassen, kann gewiss nicht „auf eine List oder einen terminologischen Kunstgriff reduziert" werden.(Mo/20) Nach allem, was bisher in der vorliegenden Studie an Indizien zusammengetragen werden konnte, liegt vielmehr nahe, dass für Spinoza nur eine göttliche Natur die Einsicht in die eigene Sterblichkeit erträglich zu machen vermochte. In diesem Denken findet, wie sich bei einer unter diesem Aspekt sensibilisierten Lektüre der >Ethik< erkennen lässt, keine Überlistung der Erkenntniskraft statt. Wohl aber scheint jene Komponente im Denkprozess, welche im Verlauf der Studie als religionsbildnerisches Potential kenntlich geworden sein sollte, eine Verhinderung des drohenden Glaubensverlustes gewährleistet zu haben. Das Geborgenheitsbedürfnis des Individuums wird von Spinozas Denken her auch hier über das eigene Sterben hinaus in dieser allumfassenden göttlichen Natur aufgefangen.

Die oben bereits angesprochene Auffassung, Spinozas Denken sei eine „Widerlegung der cartesianischen Strömung",(Mo/38) lässt sich zumal auch angesichts des Unterschiedes vertreten, der bezüglich des Hauptinteresses beider Denker zu erkennen ist. Descartes sucht nach einer unverbrüchlichen Geltungsgrundlage aller Erkenntnis. Er ebnet, dem Denken seiner Zeit zwar verhaftet, erkenntnistheoretisch jedoch offenbar überlegen, die Problematik der Gottesexistenz in gewisser Weise ein. Die Lösung des Problems der bedrohlichen Verunsicherung hinsichtlich jener Gottesexistenzgewissheit findet er für sich selbst, indem er, wie an entsprechender Stelle dargelegt worden ist, eine Möglichkeit konstruiert, sein Erkenntnisstreben mit der für ihn als Tatsache gegebenen Gottesexistenz in Einklang zu bringen.

Für Spinoza hingegen steht, als Vorbehalt seiner kritischen Würdigung, die „jener *sehr berühmte Herr Descartes*“(Mo/26,SE/108[?]) bei ihm hervorruft, unübersehbar der Mensch „als Opfer einer bestimmten Denkweise — und nicht als Urheber dieses Denkens“(Mo/27) im Zentrum seiner philosophischen Überlegungen. Spinozas im Titel explizit ethisch motivierte Religionskritik bereichert die in der hier vorliegenden Studie zu Gunsten einer natürlichen Erklärung der Religionsbildung gesammelten Indizien um den psychologisch geführten akribischen Nachweis der offenkundig engen Verflechtung von Religion und sozialer Kompetenz als ethische Dimension der Religionsbildung. „Das Problem, das Spinoza (beschäftigt), ist ... die Theorie ... des Menschen auf der Basis einer Theorie der grundlegenden Struktur Gottes.“(WB/39)

Bartuschat konstatiert: „Bei Spinoza ist es von Beginn an ... der Mensch, im Hinblick auf den die Theorie der göttlichen Substanz konzipiert wird, mag auch von Gott her der Mensch kein herausragendes Geschöpf neben allen anderen endlichen Modi sein. ... Der Mensch hat aber ... unter allem Seienden den Vorzug, dass er die grundlegende These der Abhängigkeit eines endlichen Modus von der göttlichen Substanz *an sich selber* als einem einzelnen Ding erweisen kann.“(WB/62f)

In Anbetracht der Biographie Spinozas und vor dem Hintergrund der weltpolitischen Umstände seiner Zeit darf gewiss vermutet werden, dass Spinozas deutlich von ethischem Interesse geleitete Auseinandersetzung mit dem tradierten anthropozentrischen Gotteskonzept sich nicht in einer Theoriekritik, etwa auch hinsichtlich des cartesianischen Gotteskonzeptes, erschöpft. Dieser lebensgeschichtliche Aspekt „reicht weiter als die bloße Biographie. ... Im relativ toleranten Holland des 17. Jahrhunderts lebt eine jüdische Gemeinde, zu der Verbannte aus Portugal, Spanien und auch aus Polen gehören. Angesiedelt, ohne völlig assimiliert zu sein, lebt sie zurückgezogen — in ihrer Religion, ihren Gesetzen und ihren Sanktionen. Aus dieser ausgestoßenen Gesellschaft wird Spinoza ausgestoßen.“(Mo/15) Im Geburtsjahr Spinozas bekämpfen die Christen einander seit 14 Jahren, und Spinoza sollte beim Ende dieses Dreißigjährigen Krieges 16 Jahre alt sein. Diese Welterfahrung dürfte dem prekären Problem der Gottesexistenz jene Dimension verliehen haben, die unabweisbar nach einer grundlegenden Revision des anthropomorphen Gotteskonzeptes verlangte.

Für Spinoza stellt sich die Frage hinsichtlich der Gottesexistenz ganz offenkundig keinesfalls als ein >OB<, sondern vielmehr als ein >WIE<. Die Antwort auf dieses >WIE< dürfte sich für Spinoza in einem Konzept zu finden haben, das nicht mehr erlauben würde, >Gott< zur angeblichen Legitimation konkurrierender Machtinteressen in Anspruch zu nehmen. Sehr wahrscheinlich führt die Suche nach eben diesem Konzept zu Spinozas Auffassung einer >göttlichen Natur<, wobei diese >Wendung< schon an sich der Behauptung Bartuschats widersprechen dürfte, wonach die „von Spinoza nur am Rande gebrauchte Wendung »Deus sive Natura« nicht als These der Identität von Gott und Welt verstanden werden (dürfe)".[(WB/68)] Bartuschat arbeitet nämlich an anderer Stelle selbst heraus, „dass Spinozas Metaphysik der unbedingten Substanz eine *funktionale* Metaphysik ist, die ihren Ausweis darin hat, einen phänomenalen Zusammenhang zu erklären."[(WB/62)] Das heißt, „dass die gesamte Analyse der Natur Gottes ... im Begriff Gottes in sich unterschiedene Elemente (aufdeckt) und ... darin deutlich (macht), dass er ein Prinzip ist, das ... von einer in sich komplexen Struktur ist und das deshalb eine Erklärungskraft in bezug auf eine in sich komplexe Welt zu haben vermag."[(WB/61)] Damit erklärt Bartuschat doch gerade das Signal der austauschbaren Benennung dieses »oder« in Spinozas Formulierung »Gott oder die Natur«, denn diese ist ja ohne jeden Zweifel „eine in sich komplexe Struktur", die als Ursache ihrer selbst „eine Erklärungskraft in bezug auf eine in sich komplexe Welt zu haben vermag", zumal „Spinozas Ontologie ...eine Theorie der universellen Intelligibilität alles Seienden (ist), in der Sein und Begreifbarkeit zusammenfallen".[(WB/52)]

Unter diesem von Spinoza ausgehend in die Gegenwart weitergedachten Aspekt resultieren jene im Denken des Menschen zusammenfallenden Komponenten „Sein und Begreifbarkeit" als Selbsthervorbringung der Natur. Das heißt, die Vergöttlichung der Natur manifestiert sich als deren neurophysiologisch hervorgetriebene Selbstvergöttlichung im Denken des Menschen. Diesem Denken jedoch entstammt gegenwärtigem Verständnis gemäß bekanntlich jegliche kulturelle Setzung. Indem nun offenbar die eigengesetzliche Natur in sich selbst bewirkt, dass die Eskalation der überlebensbedrohlichen Implikate des Antizipationsvermögens (oder des Erkenntnisstrebens) vermittels des generellen Kulturbildungsvermögens primär religionsbildnerisch entlastet wird, erfüllt die Herausbildung der diversen Kulturen und Religionen prinzipiell die naturimmanente Funktion der Überlebenssicherung des Menschen als Spezies.

Für Spinoza selbst dürfte es, zumindest auch, sehr wesentlich darum gegangen sein, sich selbst von der Tragfähigkeit seines Gotteskonzeptes zu überzeugen. Folglich bietet er die epochenübliche Argumentations-Strategie und deren entsprechende Terminologie auf,[(vgl. etwa SE/12)] um die „Substanz" >Gott< **als** „Substanz", die ihrer Natur gemäß Ursache ihrer selbst sei, **glauben** zu können. Sobald das gelungen ist, kann Spinoza von der >göttlichen Natur< ausgehen, welche die Menschen mit der eigenen nur >verwirren<, indem sie jener allumfassenden Natur „menschliche Affekte" unterstellen.[(vgl.SE/8)] Der Mensch ist nach Spinozas Auffassung eine Erscheinungsform der >göttlichen Natur<.[34] Hier schließt sich eine Art selbstreproduktiver Zirkel. Der Mensch als Erscheinungsform der Natur verleiht dieser jene >Göttlichkeit<, die er ihr infolge der Durchsetzungskraft seines religionsbildnerischen Potentials exi-

[34] Dieser Gedanke wird sich bei Sartre als >Begierde des Menschen, Gott zu sein< wiederfinden.

stenziell zuerkennt, indem er dieses Konzept >Gott oder die Natur< **denkt**. Damit fördert Spinoza ein offensichtlich noch in der modernen Denkstruktur wirksames Residuum als modifizierte Version der zu vermutenden primär archaisch herausgebildeten Strategie zur psychischen Bearbeitung des erworbenen Bedrohtheits- und Sterblichkeitswissens zu Tage.
Spinoza argumentiert insistierend gegen die anthropozentrische Besetzung der >göttlichen Natur<.[(SE/16,passim)] Damit verzichtet er auf die hilfreiche Komponente der Ansprechbarkeit. Das impliziert jedoch, worum es ihm eigentlich zu gehen scheint: Die >göttliche Natur< lässt sich für keinerlei Zwecke als Rechtfertigungsgrund missbrauchen. „In der Natur der Dinge gibt es nichts Zufälliges [Zufälligkeit hält Spinoza für ein Symptom mangelnder Erkenntnis der Zusammenhänge], sondern alles ist kraft der Notwendigkeit der göttlichen Natur bestimmt, auf gewisse Weise zu existieren und zu wirken".[(SE/31)] Er bietet sodann das Modell je einer hervorbringenden und einer hervorgebrachten Komponente der >göttlichen Natur< an, deren letztere dennoch als Implikat der ersteren zu begreifen ist.[(SE/32f)] Diesem Ansatz entsprechend will Spinoza Verstand, Wille, Begierde und Liebe als Naturprodukte begriffen wissen. Demgemäß entkleidet er die Entität >Gott< insbesondere auch der Unterstellung, dieser >Gott< handle aus Freiheit des Willens. Jeglicher Wille bedürfe einer Ursache, welche wiederum nur in der >göttlichen Natur< gegeben sei.[(vgl. SE/33f)] Damit sieht Spinoza offenbar jeder Behauptung, irgendein Handeln erfolge in Erfüllung des >Willens Gottes<, den Boden entzogen. Spinoza erklärt das Vorurteil, „Gott habe alles um des Menschen willen gemacht, den Menschen aber, damit dieser ihn verehre"[(SE/40)] als Aberglauben. Die Genese dieses Aberglaubens führt er auf das verfehlte anthropozentrische Weltbild zurück, worin der zweckgerichtet handelnde Mensch der Natur Zweckgerichtetheit unterstelle.
Dieses Weltbild jedoch lässt sich wiederum als kulturell erweiterte Erscheinungsform der zu vermutenden religionsbildnerisch ursprünglichen Strategie annehmen, kraft deren der archaische Mensch zunächst bestimmte Naturphänomene zu Ansprechpartnern personalisiert zu haben scheint. Diese waren offenbar, wofür im ersten Abhandlungsteil zahlreiche Indizien gesammelt werden konnten, direkt an den menschlichen Bedürfnissen gemessen worden, so dass man sie vermittels einer ihnen unterstellten sozialen Kompetenz hatte für sich einzunehmen trachten können. Der zum Erkenntnissubjekt fortgeschrittene moderne Mensch hingegen hat nun die Naturphänomene ersatzweise zum Instrumentarium eines ansprechbaren >Gottes< erklärt, um nicht begreifen zu müssen, dass er außer dem anderen Menschen keinen Ansprechpartner hat. Damit war jene Instanz geschaffen, der man sich auf Gedeih und Verderb, auf Gnade und Vergeltung anheim geben durfte, um sich belohnt, bestraft finden oder auch loskaufen zu können, wenn das sozialkompetent religionsbildnerische Potential sich beunruhigend als Gewissen erheben sollte.
Spinoza fasst diese tradierte anthropozentrische Funktionalisierung des religionsbildnerischen Konzeptes >Gott< als Vorurteil zusammen, aus welchem dann wiederum „die Vorurteile über Gut und Schlecht, Verdienst und Verbrechen, Lob

und Tadel, Ordnung und Verwirrung, Schönheit und Hässlichkeit und über anderes dieser Gattung entsprungen (seien)." Er will aufzeigen, dass „dies aus der menschlichen Seele abzuleiten" sei, und er entfaltet die Demaskierung des Aberglaubens, den er als Konsequenz mangelnder Selbst- und Welterkenntnis aufzeigt, die sich als vermeintliche Gottesebenbildlichkeit zu tarnen trachtete. „Daher (sei) es gekommen, dass jeder sich eine besondere Art der Gottesverehrung ausgedacht hat, damit Gott ihn vor allen anderen liebe und die ganze Natur für seine blinde Begierde und unersättliche Habsucht lenke". Wider alle Erfahrung, dass „Nützliches wie Schädliches ohne Unterschied Frommen wie Gottlosen begegne", hielten die Menschen am Vorurteil fest, „Stürme, Erdbeben, Krankheiten" seien Gottesstrafen für mangelhafte Gottesverehrung. Die Suche nach dem Zweck sei getrieben worden, „bis man seine Zuflucht zum Willen Gottes genommen (habe), ... das (heiße) zur Freistatt der Unwissenheit". Die erfolgreiche Überwindung der mangels wirklichen Erkenntnisstrebens gar zu bequemen Ausflucht in einen unerforschlichen >göttlichen Willen< schreibt Spinoza der Mathematik zu. Diese habe den Menschen eine zweckfreie Wahrheitsnorm offenbart.[vgl. SE/40-44]

Spinozas Religionskritik erweist sich als Kritik an der Instrumentalisierung des Konzeptes >Gott< durch Institutionen und deren Funktionäre. Demgemäß vertritt er die Auffassung, „daher komm(e) es, dass wer nach den wahren Ursachen der Wunder such(e), und die Dinge in der Natur als ein Gelehrter zu verstehen und nicht als ein Tor sich über sie zu wundern bemüht (sei), allenthalben als ein Ketzer und Gottloser (gelte) und als solcher von denen verschrien (werde), in denen das Volk die Dolmetscher der Natur und der Götter verehr(e). Denn sie (wüssten), dass mit dem Aufhören der Unwissenheit auch das Staunen (aufhöre), das (heiße), das einzige Mittel, das sie (hätten), um ihre Beweise zu führen und ihr Ansehen zu erhalten".[vgl. SE/44] Den zweiten Teil seiner Ethik leitet Spinoza mit dem Hinweis auf sein zentrales und erkenntnisleitendes Anliegen ein, wo es heißt, „ich beschränke mich ... auf das, was uns zur Erkenntnis der menschlichen Seele und ihrer höchsten Glückseligkeit gleichsam an der Hand leiten kann".[SE/49] Gemäß dem in der vorliegenden Abhandlung verfolgtem grundsätzlichen Interesse, eine naturalistische Erklärung für die rigide Durchsetzungsfähigkeit der Religionsbildung und deren **ethische** Dimension anzubieten, sollen ausgewählte Passagen in Spinozas Ethik vermittels einer entsprechend sensibilisierten Lektüre nun eingehender betrachtet werden.

Indem Spinoza den Begriff >Körper< als „einen Modus (definiert), der Gottes Wesenheit ... als ein ausgedehntes Ding ... auf gewisse und bestimmte Weise ausdrückt", lässt er bereits erkennen, dass er diesen Körper als integriertes Vorkommnis der >göttlichen Natur< begriffen wissen will. Die Seele definiert er als Ideen, das heißt, als Begriffe bildendes „denkendes Ding".[SE/49] Als Grundsatz formuliert Spinoza: „Der Mensch denkt." In weiteren Lehrsätzen postuliert er, „Gott ist ein denkendes Ding" und „Gott ist ein ausgedehntes Ding".[SE/51,52] Dieses Vorgehen bringt die Auffassung zum Ausdruck, dass der Mensch grundsätzlich denkt und dass des Menschen Seele die Eigenschaft, denkendes Ding zu sein, mit >Gott< gemeinsam hat. Diese Gemeinsamkeit wird in einem weiteren Lehrsatz insofern bekräftigt, als es dort heißt: „In Gott gibt es notwendig eine Idee [die ja als ein in der Seele gebildeter Begriff definiert ist [SE/49]] von seiner Wesenheit und von allem, was aus seiner Wesenheit notwendig folgt."[SE/52] Das argumentative Gewicht der hier zu Tage tretenden Gemeinsamkeiten von >Gott< und >Seele< und denkendem Menschen wird in der Anmerkung deutlich, worin nachdrücklich auf die Missverständnisse hinsichtlich der Gottesvorstellungen der >großen Menge< verwiesen wird. Die Menschen denken >Gott<, aber sie denken ihn falsch, ihre Vorstellung von >Gott< verfehlt die >göttliche Natur<.[vgl. SE/52] Sie unterstellten ihm einen – etwa beeinflussbaren – freien Willen, während er allein seiner bewirkenden Notwendigkeit gemäß „unendlich vieles auf unendlich viele Weisen tut".[SE/52] Für Spinoza ist „Gott ... Ursache seiner selbst".[SE/38]

Spinoza benutzt den Begriff >Gott< entweder im Begriffsbereich >Denken< oder in einer Weise, die ihn mit der komplementären Implikation >Gott oder die Natur<, wie auch mit der Wendung >göttliche Natur< austauschbar sein lässt. Was immer Spinoza zu seinem Gotteskonzept auch erklärt, es leuchtet in weitgehendster Weise ein, sofern man den Begriff >Gott< durch den Begriff >Natur< ersetzt, und zwar insbesondere unter der Voraussetzung, dass der Begriffsbereich >Denken< überhaupt naturalistisch aufgefasst wird. Diese Begriffsäquivalenz wird häufig durch Spinozas — dem Denken seiner Zeit verpflichtete — Terminologie verschleiert. Er schreibt beispielsweise in seinem Lehrsatz II/5: „Das formale Sein der Ideen erkennt Gott nur als Ursache an, sofern er als denkendes Ding angesehen wird, und nicht sofern er durch ein anderes Attribut [als es das des denkenden Dinges wäre, als welches ja die Seele gilt] erklärt wird. Das heißt: die Ideen der Attribute Gottes und die der Einzeldinge erkennen nicht die Gegenstände selbst oder die wahrgenommenen Dinge als wirkende Ursache an, sondern Gott selbst, sofern er ein denkendes Ding ist."[SE/53] Betrachtet man diesen Lehrsatz durch die terminologische Verschleierung hindurch, so wird hier >Gott< als etwas angesehen oder erklärt — von wem, wenn nicht vom denkenden Menschen? „Denn allerseits wird anerkannt, Gott sei die alleinige Ursache aller Dinge."[SE/59]

Spinoza setzt sich hier, wie in der Anmerkung zum Folgesatz des Lehrsatzes II/10 deutlich zu erkennen ist, mit Descartes auseinander, der Spinozas Auffassung nach „die Ordnung des philosophischen Denkens nicht eingehalten" habe. Der eigentliche Vorwurf lautet jedoch, „die göttliche Natur, die vor allen anderen Dingen hätte betrachtet werden sollen, weil sie sowohl der Erkenntnis wie der Natur nach das erste ist, ... (sei) für das letzte in der Ordnung der Erkenntnis" gehalten worden. Bei der Betrachtung der göttlichen Natur habe man nur an vorausgesetzte Einbildungen gedacht. Mit anderen Worten, Descartes' Denken, das hier nicht namentlich zugeordnet wird, sei auf eine bestätigende Erklärung seiner >Vorurteile< ausgerichtet. Spinoza jedoch sagt, „zur Wesenheit eines Dinges gehöre notwendig das(jenige), wodurch wenn es gegeben ist, das Ding notwendig", also von einer bewirkenden Ursache her, „gesetzt" und gegebenenfalls eben auch „aufgehoben" werde.[SE/59,60] Das jedoch trifft für die im Menschen vermittels Denken >setzende< Natur zu.

Diese Auffassung findet sich bei Spinoza beispielsweise auch insofern bestätigt, als er Seele und Körper als Einheit zweier Komponenten darstellt. Er postuliert in seinem Lehrsatz II/11 „das wirkliche Sein der menschlichen Seele“ als „die Idee eines wirklich existierenden Einzeldinges“.(SE/60) Daraus leitet er als Folgerung ab, „dass die menschliche Seele ein Teil des unendlichen Verstandes Gottes“ sei, so dass, wenn gesagt werde, „die menschliche Seele nehme dieses oder jenes wahr“, zum Ausdruck komme, „dass Gott ... sofern er durch die Natur der menschlichen Seele erklärt (werde), ... diese oder jene Idee habe“.(SE/60) Zur Erinnerung: >Idee< definiert Spinoza, an dritter Stelle nach >Körper< und >Wesenheit< als „einen Begriff, ... den die Seele bildet, weil sie ein denkendes Ding ist“.(SE/49) In den folgenden Lehrsätzen (II/12,13) zeichnet er als >existierendes Einzelding< den Körper aus, in welchem „nichts geschehen (könne), was die Seele nicht zugleich wahrnähme“.(SE/61) Als Folgerung aus seinen Lehrsätzen kommt Spinoza zum Schluss, „dass der Mensch aus Seele und Körper besteht, und dass der Körper, so wie wir ihn empfinden, existiert“.(SE/62) Hier stellt Spinoza nicht lediglich die Einheit von Körper und Seele dar, er lässt diese Einheit als natürlichen Ursprung der Gottesidee und als Ausgangsraum religionsbildnerischen Denkens einschließlich seiner >Vorurteile< erkennen. Adressat auch dieser Passage der Ethik ist offenkundig Descartes, dessen spezifischem Skeptizismus hinsichtlich der Körperwahrnehmung eine nachdrückliche Absage erteilt wird. Gegen Descartes' Gotteserkenntnismodell setzt Spinoza das seine als ein Konzept selbstevidenter Göttlichkeit der Natur, das sich im Sinne eines umfassenden Ganzen begreifen lässt. Demgemäß erkennt er auch nichtmenschlichen Individuen „in verschiedenen Graden“ Beseeltheit zu. Damit entzieht er jedem gegenüber der Natur erhobenen Anspruch anthropozentrischer Exklusivität das wesentliche Argument. Eine adäquate Einsicht in die Einheit von Körper und Seele erwartet Spinoza, „wenn man die adäquate Erkenntnis der Natur unseres Körpers besitzt“.(SE/62)

In epochetypischer Terminologie sucht Spinoza die Situierung der menschlichen Seele in Vereinigung mit dem Körper und in Differenzierung zur Umwelt darzustellen. Er führt Erinnerung auf Assoziationsvermögen zurück und geht von einer Erkenntnisbeziehung zwischen Seele und Körper, wie auch von einer Inhärenzbeziehung zwischen der Idee von >Gott< und der Erkenntnis der Seele aus. Von der Seele her erfolgt seiner Auffassung nach sodann die Wahrnehmung äußerer Körper „vermöge der Ideen von den Affektionen ihres [der Seele eigenen] Körpers“. Diese Erkenntnis äußerer Körper bleibe jedoch inadäquat. Aus eben dieser Inadäquatheit von Ideen sieht er Erkenntnismangel und Irrtum hervorgehen. Über eine Wende zu Gemeinsamkeiten, welche alle Dinge auszeichne, gelangt Spinoza zur Folgerung, „dass es gewisse Ideen oder Begriffe (gebe), die allen Menschen gemeinsam (seien)“.(SE/86) Er errichtet eine Hierarchie der Erkenntnisebenen, als deren unzuverlässigste ihm die der Sinneswahrnehmungen und des assoziativen Erinnerns als „Meinung oder Vorstellung“ gilt. Der Vernunft billigt er immerhin den adäquaten Gebrauch der Allgemeinbegriffe zu. Höchste Erkenntnisfähigkeit unterstellt er dezidiert dem anschauenden Wissen um „die Wesenheit der Dinge“, die er an der Mathematik vorführt. Der >wahren< Idee wird Selbstevidenz unterstellt; denn „wie kann jemand wissen, dass er eine Sache versteht, wenn er nicht schon vorher die Sache versteht?“(SE/92) Damit beruft Spinoza sich explizit auf die Denkfigur des hermeneutischen Zirkels.

Spinoza setzt >Wille und Verstand< identisch und definiert >Wille< als „Vermögen zu bejahen und zu verneinen“.(SE/98) Dieses Vermögen will er exklusiv auf Begriffe des Denkens bezogen wissen. Unter diesem Aspekt verweigert er >der Seele< das Zugeständnis der Willensfreiheit, denn die Verstandesentscheidungen seien ursächlich festgelegt — oder mangels Erkenntnis falsch. Das heißt für ihn, der Mensch kann vernünftigerweise nicht wollen können, was zu vermögen nicht in seiner Macht liegt. Spinoza geht davon aus, die Einsicht in die Verstandesidentität menschlichen Wollens sei von Nutzen sowohl bezüglich der Gelassenheit angesichts der „Fügungen des Schicksals“, als auch hinsichtlich des Gemeinschaftslebens, „sofern sie uns lehr(e), niemanden zu hassen, gering zu schätzen, zu verspotten, niemandem zu zürnen und niemanden zu beneiden, ... mit dem Seinigen zufrieden und dem Nächsten behilflich (zu sein), nicht aus Parteilichkeit oder ... Aberglauben, sondern allein nach der Leitung der Vernunft, nämlich je nachdem Zeit und Umstände es erfordern“. Diesen Katalog sozialer Verhaltenskompetenz ergänzt Spinoza um den Nutzen, den diese Einsicht „für die staatliche Gemeinschaft (habe), sofern sie (lehre), auf welche Weise die Bürger zu regieren und zu leiten (seien), nämlich so, dass sie nicht als Knechte dienen, sondern freiwillig tun, was das beste (sei)“.(vgl. SE/106)

Offenbar hat Spinoza den Monotheismus sehr wesentlich auch um dieser Einsicht willen seines anthropomorphen Instanzcharakters entkleiden und naturalisieren müssen. Die Zuerkennung jeweiliger Beseeltheit an alle Lebewesen untergräbt zudem die Auserwähltheitshybris des Menschen. Dessen gradueller Beseeltheit gemäß räumt Spinoza dem Menschen die ihm in diesem Umfang zumutbare Vernunft ein, verstandesidentischen Willens sein zu können. Die weiteren Ausführungen seiner Ethik gelten auch dem Anliegen, diese Einsicht in die Verstandesgebundenheit der vermeintlichen Willensfreiheit überzeugend zu vertiefen.

In Abgrenzung zu den „meisten, die über Affekte und die Lebensweise der Menschen geschrieben haben, ... als ob sie ... Dinge ... zu behandeln hätten, ... die außerhalb der Natur stehen“, geht es Spinoza darum, diese Dinge aus „Gesetzen der Natur“ zu erklären.(SE/108) Er sieht in der vermeintlich über den Verstand hinausreichenden Annahme menschlicher Willensfreiheit die eigentliche Grundlage des Missverständnisses, „menschliche Ohnmacht und Unbeständigkeit (seien) Fehler der menschlichen Natur. ... Wer die Ohnmacht der menschlichen Seele mit besonderer Beredsamkeit und Schärfe durchzuhecheln versteh(e), der (werde) für göttlich gehalten“.(SE/108) Er polemisiert gegen die Praxis der institutionalisierten Moralpredigt, worin deren Funktionäre die menschliche Natur „bejammern, verlachen, gering schätzen oder, wie es meistens (geschehe), verwünschen“. Diese explizite Polemik gilt implizit zumal auch den Praktiken aller Religionen, deren Konzepte ermöglichen, die

ohnmächtige Angst des Menschen vor einem ebenso ungewiss wie unausweichlich drohenden Jenseits zu schüren, um diese Angst machtpolitischen Zwecken nutzbar machen zu können.
Spinoza artikuliert sein Anliegen als zutiefst religiöse Religionskritik. Er konzediert, „ausgezeichneten Männern, ... über die rechte Lebensweise viel Vortreffliches geschrieben und den Sterblichen Ratschläge voll Klugheit gegeben (zu) haben; allein die Natur und die Kräfte der Affekte und andrerseits, was zu deren Bemeisterung die Seele (vermöge), das (habe), so viel (er wisse), noch niemand bestimmt".(vgl. SE/108) Er negiert ein etwa angenommenes wechselseitiges Herrschaftsverhältnis zwischen Körper und Seele. Wohl aber traut er dem Körper zu, „aus den bloßen Gesetzen der Natur ... die Ursache von Gebäuden, Gemälden und anderen Dingen dieser Art" zu sein. Somit betrachtet er sowohl handwerkliche Fertigkeiten als auch intellektuelle Kreativität als Naturpotential. Er beruft sich auf Schlaf und Traumwandel, um die Abhängigkeit der Seele vom Körper vorzuführen. Darüber hinaus lehre die Erfahrung, „dass, je nachdem der Körper mehr oder weniger fähig (sei), das Vorstellungsbild dieses oder jenes Objektes in sich erregen zu lassen, auch die Seele mehr oder weniger fähig (sei), dies oder jenes Objekt zu betrachten".(vgl. SE/112,114) Der menschliche Körper übertreffe seiner Natur nach bereits alles, „was menschliche Kunst je gebaut habe". Spinoza weist nicht nur Descartes' fragwürdigen Dualismus von Leib und Seele zurück, er setzt diesem Konzept eine implizite Verkörperlichung der Seele entgegen. Das entspricht in seiner Konsequenz dem Ansatz >Gott oder die Natur<, mit dessen Implikat, den Menschen nicht als anthropomorph kreiertes >Gottesgeschöpf<, sondern als Naturprodukt — und sei es das einer >göttlichen Natur< — zu betrachten.
Spinozas Postulat der wechselseitigen Unbeherrschbarkeit zwischen Körper und Seele bezieht sich zunächst beispielsweise auf die Erfahrung, „dass die Menschen nichts so wenig in ihrer Gewalt haben, als ihre Zunge, und nichts so wenig vermögen, als ihre Triebe zu bemeistern ... dass wir vieles tun, was wir nachher bereuen". In Ermangelung der Einsicht in die Zusammenhänge zwischen Bedürfnis und Handeln glaubten die Menschen, „wir täten alles freiwillig". Spinoza beruft sich auf Erfahrung und Vernunft und postuliert, „dass die Menschen sich allein aus der Ursache für frei (hielten), weil sie sich ihrer Handlungen bewusst und der Ursachen unkundig (seien)".(SE/115) Er erkennt der Seele aktives Vermögen und passives Erleiden zu. Sie strebe in ihrem Sein auf unbestimmte Dauer zu beharren und sie sei „sich dieses ihres Strebens bewusst".(vgl. SE/111,119) Diesem Streben der Seele erkennt Spinoza zu, verstandesidentischer Wille zu sein, sofern es „auf die Seele bezogen" sei. Beziehe es sich jedoch „auf Körper und Seele zugleich", so heiße es Trieb. Dieser sei „daher nichts anderes, als des Menschen Wesenheit selbst, aus deren Natur das, was zu ihrer Erhaltung dient, notwendig folgt".(vgl. SE/120)
In dieser Überlegung findet sich bei Spinoza implizit der phylogenetisch verankerte biologische Imperativ des Überlebenstriebes dem Residuum des offenbar archaisch erworbenen Sterblichkeitswissens gegenübergestellt. Dem allein auf die Seele bezogenen Streben, „in ihrem Sein auf unbestimmte Dauer zu beharren", eröffnet Spinoza den Horizont einer naturimmanenten Unvertreib-

barkeit. Dieses Horizontes bedarf der wissend gewordene und dann zum Erkenntnissubjekt avancierte Mensch, der auch die unentrinnbar naturgemäße Vergänglichkeit aller beseelten Lebewesen hatte erkennen müssen. Dieses Horizontes bedurfte sehr wahrscheinlich insbesondere auch der aus einer aus Portugal ausgestoßenen jüdischen Gemeinde ausgestoßene kritische Zeitzeuge Spinoza selbst. Auf den biographischen Hintergrund des im holländischen Exil einer jüdischen Gemeinde sozialisierten Denkers im Jahrhundert des zwischen den Christen ausgetragenen Dreißigjährigen vermeintlichen Glaubens-Krieges wurde bereits hingewiesen.

Spinoza formuliert als Gebote der Vernunft, „die nichts wider die Natur (fordere), dass jeder sich selbst liebe, seinen Nutzen suche, so weit es wahrhaft sein Nutzen (sei) und all das erstrebe, was den Menschen wahrhaft zu größerer Vollkommenheit (führe)“.[SE/204]

In der Präzisierung, >so weit es wahrhaft sein Nutzen ist<, verweist Spinoza bereits darauf, „dass wir es niemals dahin bringen können, zur Erhaltung unseres Seins nichts außerhalb unserer zu bedürfen und ohne jeden Verkehr mit den Dingen außer uns zu leben; ... unser Verstand (wäre) weniger vollkommen, wenn die Seele mit sich allein wäre und nichts erkennte als sich selbst. Es gibt demnach außerhalb unserer gar vielerlei, was nützlich für uns und darum zu erstreben ist. Und davon ist das denkbar wertvollste das, was mit unserer Natur gänzlich übereinstimmt. ... Für den Menschen ist daher nichts nützlicher als der Mensch; nichts wertvollres ... können sich die Menschen zur Erhaltung ihres Seins wünschen, als dass alle in allem dergestalt übereinstimmen, dass die Seelen und Körper aller zusammen gleichsam eine einzige Seele und einen einzigen Körper bilden, dass alle zumal für sich den gemeinsamen Nutzen aller suchen; woraus folgt, dass die Menschen, die sich durch die Vernunft lenken lassen, ... nichts für sich suchen, nichts für sich erstreben, was sie nicht auch für die übrigen Menschen begehren, und mithin dass sie gerecht, redlich und ehrbar sind“.[vgl. SE/204ff]

In diesen Geboten der Vernunft findet sich ein religionsbildnerisch verfasstes Konzept höchst sozialkompetenter Mitmenschlichkeit artikuliert. Spinoza macht lesbar, wie das religionsbildnerische Potential in seiner Komponente sozialer Verhaltenskompetenz aufgehen und in einer der Natur des Menschen gemäßen wie auch als zu verantwortend zumutbaren Ethik zum Ausdruck zu kommen vermag. Seine Auffassung >Gott oder die Natur< befreit den Menschen aus dessen erpressbarer Jenseitsfurcht, ohne ihn des Glaubens an ein umfassendes Ganzes, dem er unverloren angehört, zu berauben. Demgemäß liegt es für Spinoza mit absoluter Gewissheit „in der Natur der Vernunft, die Dinge in einer gewissen Art der Ewigkeit wahrzunehmen“.[vgl. 94,282, passim] Diese Ewigkeitsperspektive lässt sich als Erweiterung des archaisch erworbenen Antizipationsvermögens begreifen. Es räumt der Natur >selbstevidentermaßen< unendliches Fortbestehen ein. In solchem Fortbestehen findet des Menschen zeitliche Existenz sich in eigener Weise aufgehoben. Aus dieser Existenz hinterlässt er Spuren seines Denkens und Handelns. Hier eröffnet sich dem geborgenheitsbedürftigen Menschen eine moderne Dimension todesüberdauernden Eingebundenseins, wie sie zumal in atheistischen Ansätzen existenzialistischer Philosophien wiederzufinden sein wird.

Spinozas Naturalisierung des Monotheismus macht unter anderem auch das in der Stoa artikulierte und von Epikur polemisch aufgenommene wie auch bündig zugespitzte Problem der Theodizee gegenstandslos,[35] denn die >göttliche Natur< führt keinerlei >göttlichen Willen< aus. Folglich gibt es keinen >Gott<, der die Übel in der Welt aufheben könnte. Spinozas Ansatz lässt sich als eine Art Eingemeindung des Menschen in die Natur begreifen, woraus sich für das moderne Erkenntnissubjekt die Einsicht ergeben dürfte, dass es sich als Individuum in dieser Natur lediglich so lange wird geborgen wissen können, wie es deren Gesetzmäßigkeiten nicht zerstörerisch gegen den Menschen als Spezies überhaupt zur Auswirkung treibt. Mit der Aberkennung des >Göttlichen< hat die säkularisierte Naturauffassung eben auch jeden etwaigen Respekt vor einem >Sakrosankten< eingebüßt, der im Rahmen einer modernen Ethik hinsichtlich des Erhaltens einer für den Menschen auch forthin bewohnbaren Natur zur Aufhebung in einem glaubhaften Willen zur Verantwortlichkeit ansteht.

3) Immanuel Kant
Katechisierung der Vernunft

Hier wird Kants ausdrückliche Inanspruchnahme einer anthropomorphen Moralinstanz >Gott< in ihrer spezifischen Charakteristik als Rückfall hinter Spinozas Einsicht in die Fragwürdigkeit solcher Setzung und als eklatanter Durchsetzungserfolg der religionsbildnerischen Invariante aufzuzeigen sein. Der markante Unterschied zwischen diesen beiden Gotteskonzepten lässt sich aus den jeweiligen biographischen Kontexten beider Autoren herleiten. Spinozas im Spannungsfeld der Testament-Religionen prinzipiell dreier Konfessionen gegebene Exilsituation steht Kants Verwurzelung im Königsberger pietistisch dominierten absolutistischen Preußentum geradezu diametral gegenüber. Diese geistesgeschichtlich durchaus paradigmatische Sozialisation klingt einerseits in Kants absolutistisch gezähmter >Antwort auf die Frage, *„Was ist Aufklärung?"*< aus dem Jahr 1783 an. Die eminent glaubensapologetische Variante Kantischer >Aufklärung< ist jedoch in den Vernunftkritiken präsent. Dort lässt Kants religiöse Unterweisung der Vernunft[36] diese sowohl als unterwiesene wie auch als unterweisende Instanz in Erscheinung treten. Er formuliert das Dilemma aus intellektueller Redlichkeit und religionsbildnerisch[37] auferlegtem Glaubensgebot in der Vorrede zur ersten Auflage seiner Kritik der reinen Vernunft. Diese werde „durch Fragen belästigt die sie nicht abweisen" könne. Sie seien ihr „durch die Natur der Vernunft" zur Lösung auferlegt. Die Vernunft könne die Fragen jedoch insofern nicht beantworten, als diese „alles Vermögen der menschlichen Vernunft" überforderten.[(KrV11)]

---

[35] Vgl. Epikur-Zitat in Laktanz; De ira Dei

[36] Immanuel Kant; >Kritik der reinen Vernunft< (KrV),stw55, >Kritik der praktischen Vernunft< (KpV),stw56 Suhrkamp Ffm 1988/1989 Seitenzahlen Im Text

[37] im Sinne des Begriffes, wie er in Fn. 6 dieser Arbeit als Eigenschaft einer spezifischen Fähigkeit eingeführt wurde

Kant nimmt somit als eine der Herausforderungen seines Zeitalters zumal die der erkenntniskritischen Auseinandersetzung mit der Religion wahr. Diese Kritik will er hinsichtlich des >Vernunftvermögens überhaupt< erarbeiten. Auf solche Weise trachtet er allem Anschein zufolge danach, der Genese des Konfliktes zwischen Erkenntnisstreben und Glaubensgewissheit auf den Grund zu kommen. Sein Vorgehen erweckt den Eindruck, als wolle er der Glaubensnotwendigkeit zur Legitimation durch die Vernunft verhelfen, das heißt, unter Wahrung intellektueller Redlichkeit glauben dürfen. Dieser evidentermaßen religionsbildnerische Gestus bestimmt von vornherein Kants strikte Analyse. Sein Anliegen gilt also offenbar einer **solchen** Kritik der Vernunft, wonach die Glaubenstreue als begründetes Gebot dieser Vernunft bestätigt werden soll. Die Konzession, das Wissen aufheben zu müssen, um zum Glauben Platz zu bekommen,[KrV33] wird erst in der Vorrede zur zweiten Auflage eingeräumt. Sie scheint also durchaus nicht einkalkuliert gewesen zu sein, sondern verrät vielmehr im Prinzip das Scheitern des vermutlich eigentlichen Anliegens,[KrV14] welches darauf hingezielt haben dürfte, die traditionellen >Gottesbeweise< vermittels einer eigenen stichhaltigen Version zu überholen.

Kant verfolgt sein Vorhaben zunächst im Rahmen einer Diskussion der Metaphysik als Wissenschaft, welche er den Naturwissenschaften gegenüber als durch Prinzipien begründet zu legitimieren trachtet. Zugleich wird die >Metaphysik< zum Denkbereich der reinen Vernunft erklärt, wie auch als „unabhängig von aller Erfahrung" **deklariert** und gegen jegliche empirisch belegbare Erkenntnis abgegrenzt. In dieser Abgrenzung zeigt sich bereits die zu Grunde liegende religionsbildnerische Präferenz als Annahme einer Wissensqualität, welche über empirische Legitimation erhaben **gesetzt** wird. Der >reinen Vernunft< wird auf Grund von Prinzipien, die ihr als immanent kurzerhand **zugesprochen** werden,[KrV13] „im erfahrungsfreien Gebrauch" eine aus Selbstevidenz erwiesene Vollmacht **unterstellt**, welche der Anschaulichkeit nicht bedürfe, während dem Glauben **Selbstbeglaubigung** über aller Vernunft **verliehen** wird. Im Dienste dieses Glaubens wird sodann der Vernunft praktische Kompetenz eingeräumt. Auf Grund dieses Vorgehens vermitteln – bei entsprechend sensibilisierter Lektüre – Kants Vernunftkritiken den unabweisbaren Eindruck einer religionsapologetisch bestimmten Auseinandersetzung mit dem ihn bedrängenden Problem des Fehlens einer erkenntnistheoretisch befriedigenden und logisch hinreichend stichhaltigen Erklärbarkeit religiöser Glaubensgewissheit. Das gilt auch für jene Passagen, worin nicht explizit religionsbezogen argumentiert wird. Diese erfüllen nämlich die weitreichende Aufgabe, der sonst unmittelbar religionsbezogenen Argumentation Überzeugungskraft zu übertragen. In der vorliegenden Abhandlung soll diese religionsapologetische Symptomatik an einigen ausgewählten Zitaten beispielhaft aufgezeigt werden.

Kant erkennt der Vernunft grundsätzlich zu, „dass sie nur das einsieht, **was sie nach ihrem Entwurfe hervorbringt**, dass sie mit Prinzipien ihrer Urteile und nach beständigen Gesetzen vorangehen und die Natur nötigen müsse, auf ihre Fragen zu antworten".[KrV23] Das heißt, >die Vernunft< entwirft hinsichtlich der auf das Erkenntnisobjekt gerichteten Fragestellung eine jeweils vermutbare Antwort. Dieses primär in Orientierung an naturbezogenem Erkenntnisstreben formulierte >Prinzip< räumt Kant der Vernunft jedoch auch bezüglich des Glaubens ein. In diesem Falle erlaubt es ihm, „von den Beweisgründen der spekulativen Vernunft ... auf das Dasein eines höchsten Wesens zu schließen“.[(KrV/523)] Demgemäß, so gilt für Kant, „sieht sich die Vernunft nach dem Begriffe eines Wesens um ...(und) überzeugt sich vom Dasein irgend eines notwendigen Wesens. In diesem **erkennt** sie eine unbedingte Existenz“.[(KrV525)] Kant hypostasiert die Vernunft und führt so als Residuum vor, was hinsichtlich bestimmter Naturphänomene zu vermutende archaische Praxis war. Dabei bleibt er unversehens auf der durch Spinoza im Denken des Menschen gelegten Spur. Allerdings spricht Kant von einer **Illusion**,[(KrV522)] welche derjenigen entspreche, die er dem Erkenntnissubjekt hinsichtlich der phänomenalen Wirklichkeit unterstellt. Vermittels dieser Unterstellung sucht er die Annahme einer Gleichwertigkeit der dem Menschen möglichen Realitätswahrnehmung zwischen phänomenaler Wirklichkeit und Glaubenswahrheit zu erschleichen. Dieses „empirische Prinzip“ greife die Vernunft gewissermaßen auf, um „irgendwo ihren Ruhestand, in dem Regressus vom Bedingten, das gegeben (sei), zum Unbedingten, zu suchen, ... welches ... allein die Reihe der zu ihren Gründen hinausgeführten Bedingungen vollenden“ könne.[(KrV523)] Kant inszeniert die Vernunft als Gottesentdeckerin und verrät dabei, dass sie ihrer eigenen Notwendigkeit gemäß erfindet, wessen das Vernunftsubjekt bedarf. Spinoza bleibt Kant voraus. Er bedurfte keiner Illusion, um dem Menschen die Natur als seinesgleichen vorzuführen.

Kants berühmte, epochemachende >Kopernikanische Wende<[(KrV25)] erweist sich anbei als Modell hinsichtlich der Wende von den der Tradition nach durch >Gott< gesetzten Moralgeboten zu einem durch die Moralgesetze als notwendig existierend beglaubigten >Gott<.[(KrV558)] Kant stellt seinen hochkompetenten Intellekt ganz offensichtlich in den Dienst der Suche nach einer erkenntnistheoretisch plausiblen Legitimation zur Befriedigung des Glaubenspostulates. Im Prinzip könnte sich selbst seine >Kopernikanische Wende< diesem existenziellen Anliegen zu verdanken haben. Er fand sich allem Anschein nach genötigt, sich kraft seiner rigorosen Destruktion der ihm vorliegenden >Gottesbeweise< einer über diese unzulänglichen Ansätze hinausgehenden Gewissheit zu versichern. Die Entkräftung dieser tradierten Denkgebäude erfolgt nach dem nützlichen Prinzip der >Vernunft<, den Erkenntnismodus vorzugeben. Demgemäß nimmt Kant die begriffliche Setzungsmacht der >Vernunft< in Anspruch, um jeder Verneinung eine vorgängige Bejahung des Verneinten, also kurzerhand den jeweiligen positiven Begriff zu Grunde zu legen [(KrV517)] und „alle Verneinungen (als) bloße Einschränkungen ... der höchsten Realität“[(KrV519)] postulieren zu können. Das liefert ihm die vermeintliche Behauptbarkeit dieser >höchsten Realität< welche Voraussetzung aller Negation sei. Diese Behauptung trachtet er argumentativ durch die Entfaltung einer spezifischen >Dialektik< zwischen gewissermaßen redlichem Intellekt und >**dringendem Bedürfnis** der Vernunft<[(KrV523)] zu belegen.

Schließlich appelliert er an den etwa noch glaubensskeptischen Leser, für das so gründlich als notwendigerweise existierend erklärte >Wesen< müsse „man Partei ergreifen“.[vgl.KrV525]

Kant verweist darauf, dass er keinen Existenz*beweis* geführt, sondern lediglich die Vernunftnotwendigkeit der Anerkennung eines aller Realität vorauszusetzenden >höchsten Wesens< aufgezeigt habe.[vgl.KrV525ff,542] Er konzediert den Versuchen ontologischer >Gottesbeweise<, unter dem Bedürfnis der Vernunft nach einer als notwendig annehmbaren Existenz „eines allerrealsten Wesens“ verfasst zu sein. Das Scheitern dieser Ansätze ergebe sich aus dem Trugschluss, eine gesetzte Existenz sei durch die mitgesetzte Prädikation bewiesen.

„Heb(e man) ... das Subjekt zusamt dem Prädikat auf, so entspring(e) kein Widerspruch; denn es (sei) nichts mehr, welchem widersprochen werden (könne)“.[KrV530]

Kant geht subtiler vor. Er führt die evidente Existenz des Menschen als „eines eingeschränkten Wesens (an), das nicht die höchste Realität“ habe, ohne dass daraus ein Widerspruch zu einer absoluten Notwendigkeit hinsichtlich einer absoluten Existenz zu schließen sei.[KrV526] In dieser Denkfigur appelliert er an die Gewissheit des Menschen angesichts seiner eigenen Existenz, die doch weitaus weniger notwendig sei, als die eines >höchsten Wesens<. Diesen Schachzug hat er in der Gleichsetzung menschlicher Wahrnehmungsmöglichkeit hinsichtlich der phänomenalen Wirklichkeit und vermeintlicher >Glaubenswahrheit< vorbereitet Er vermeidet jedoch den Eindruck einer **Folgerung** von der eigenen Existenz auf die eines >absolut notwendigen Wesens<. Eben diese Folgerung lastet er Leibniz als Ansammlung „vernünftelnder“ Grundsätze an.[KrV537f] Kant hält jedoch für *„**erlaubt**“*, das Dasein eines Wesens von der höchsten Zulänglichkeit, als Ursache zu allen möglichen Wirkungen *„anzunehmen“*, um der Vernunft die Einheit der Erklärungsgründe, welche sie sucht, „zu erleichtern“. Zu behaupten, *„ein solches Wesen existiere notwendig“*, sei „die dreiste Anmaßung einer apodiktischen Gewissheit“.[KrV543]

„Die unbedingte Notwendigkeit, die wir als den letzten Träger aller Dinge bedürfen, ist der wahre Abgrund für die menschliche Vernunft. ... Hier sinkt alles unter uns, und die größte Vollkommenheit, wie die kleinste, schwebt ohne Haltung bloß vor der spekulativen Vernunft, der es nichts kostet, die eine so wie die andere ohne die mindeste Hindernis verschwinden zu lassen“.[KrV543] Genau damit scheint Kant sein ureigenstes Dilemma zu artikulieren. Er konstatiert eine „Unvermeidlichkeit, etwas als an sich notwendig unter den existierenden Dingen anzunehmen und doch auch zugleich vor dem Dasein eines solchen Wesens *als einem Abgrunde* zurückzubeben“. Dieser >Abgrund< bedroht jedoch das dem wissend gewordenen archaischen Menschen gegenüber fortgeschrittene kritikfähige Erkenntnissubjekt. Dieses erfasst die intellektuelle Unfreiwilligkeit einer derartigen Existenzannahme nur allzu gut, ohne sich jedoch seiner Berechtigung zu dieser Erkenntnis vergewissern zu können. Denn eben die intellektuelle Redlichkeit muss einräumen, dass die Unbeweisbarkeit einer spezifischen Nichtexistenz keinesfalls den Beweis eben dieser spezifischen Existenz erbringt und vice versa.[KrV562,633] Also bleibt beunruhigend offen, **ob** dieses >notwendige Wesen< existiert. Angesichts dieser Ungewissheit lässt sich vermuten, dass die Vernunft unter dem emotionalen Druck des religionsbildnerisch unterhaltenen Bedürfnisses **praktisch** wird, und die Strategie entwickelt, **glauben** zu dürfen, was sich nicht unbezweifelbar zu erkennen gibt. Diese Strategie nimmt Kant offenbar in Anspruch, wenn er einräumt, „das Zurückgehen zu den Bedingungen des Existierens niemals vollenden (zu können), ohne ein notwendiges Wesen anzunehmen", und zugleich feststellt, von diesem „niemals anfangen", das heißt, ausgehen zu können.[(KrV545ff)] So kann er der Vernunft „subjektive Prinzipien" einräumen, und das Bedürfnis nach der Unbedingtheit und Notwendigkeit befriedigen, indem er diese Begriffe zu heuristisch regulativen Grundsätzen erklärt, „die nichts als das formale Interesse der Vernunft besorgen".

In der für die vorliegende Abhandlung verwendeten Terminologie heißt das, das offensichtlich dominierende religionsbildnerische Potential nötigt dem redlichen Intellekt das Eingeständnis seiner Begrenztheit ab und nimmt den unerschlossenen Bereich für die Befriedigung des Glaubensbedürfnisses in Anspruch. Kant selbst hält diese >transzendentale Subreption< für eine unvermeidliche Strategie der Vernunft. Hinsichtlich der Überzeugungskraft nimmt er für diese Subreption den gleichen Evidenz-Status in Anspruch, der dem Begriff des Raumes zuerkannt wird. Er führt die >Unmöglichkeit der Gottesbeweise< aus einer **über jeglichen Beweisanspruch erhabenen** Perspektive vor. Seiner Auffassung nach ist die „transzendentale Idee von einem notwendigen allgenugsamen Urwesen ... so überschwänglich groß, so hoch über alles Empirische, das jederzeit bedingt ist, **erhaben**, dass man ... stets vergeblich nach dem Unbedingten, wovon uns kein Gesetz irgend einer empirischen Synthesis ein Beispiel gibt, suchen wird".[(KrV549)]

Kant vermag Spinoza nicht zu folgen.[(KpV228)] Voller überwältigend beredten Erstaunens nimmt er „seine Zuflucht"[(SE44)] zu einem erklärtermaßen seiner „Vollkommenheit nach *über alles andere Mögliche*" zu setzenden >äußersten und obersten Wesen<. Die Kritik aller Versionen überlieferter >Gottesbeweise< wird als sorgliche Apologie der Vernunft geführt, welche sich angesichts solcher Erhabenheit genötigt findet, ihre reine spekulative Strenge, das heißt, ihre intellektuelle Redlichkeit, auszusetzen.[(KrV549ff)]

Kants religionsbildnerischer Impetus offenbart sich auch hinsichtlich seiner ethisch relevanten Komponente sozialer Kompetenz, und zwar insbesondere durch die Behauptung, „von den moralischen Gesetzen zeigen (zu können), dass sie das Dasein eines höchsten Wesens nicht bloß voraussetzen, sondern auch ... postulieren".[(KrV558ff)] Hier tritt in der diffizilen Auseinandersetzung zwischen Erkenntnisstreben und Glaubensbedürfnis das Residuum der vermuteten archaischen Strategie des wissend gewordenen Gehirns zu Tage. Diese hat sich ja aller Wahrscheinlichkeit nach angesichts jener in der Phylogenese verankerten Konfrontation zwischen Überlebenstrieb und Todesangst zu entwickeln und in engster Verflechtung mit der ebenfalls phylogenetisch verankerten sozialen Verhaltenskompetenz herauszubilden vermocht. Indem Kant >die moralischen Gesetze< mit religionsbildnerisch setzender Kraft ausstattet, zeigt er im Prinzip diese archaische Genese der kulturanthropologischen Invariante auf, und er erfüllt zugleich deren unhintergehbaren religionsbildnerischen Imperativ, ohne >fürchten zu **dürfen**<, dass dies nach den analytischen Prinzipien der reinen spekulativen Vernunft möglich sein könnte.[vgl.KrV561ff] Das heißt, er weiß, dass das Glaubensbedürfnis streng nach diesen Prinzipien nicht befriedigt zu werden vermag.

Kant ‚löst' dieses Problem durch eine vernunftinterne Differenzierung. Er nimmt in Anspruch, „genugsam Grund haben (zu können), etwas relativ anzunehmen, ohne doch befugt zu sein, es schlechthin anzunehmen". Daraus gewinnt er „ein regulatives Prinzip, wovon wir zwar die Notwendigkeit an sich selbst, aber nicht den Quell erkennen, und wozu wir einen obersten Grund bloß in der Absicht annehmen, um desto bestimmter die Allgemeinheit des Prinzips zu denken."[vgl.KrV578] Dann lässt sich seiner erfinderischen Auffassung nach ein „Wesen als selbstständige Vernunft" denken.[KrV588] Diese „Supposition der Vernunft von einem höchsten Wesen (sei) etwas in der Idee, wovon wir, *was es an sich sei*[38], keinen Begriff (hätten). Hierdurch (erkläre) sich auch, woher wir zwar ... der Idee eines an sich notwendigen Urwesens (bedürften), niemals aber von diesem und seiner ultimativen *Notwendigkeit* den mindesten Begriff haben (könnten)".[KrV589f] Die Vernunft müsse dieser Idee einen Gegenstand geben. Solch ein Objekt sei zuerst das denkende Subjekt selbst, sodann der Weltbegriff überhaupt und schließlich „der Vernunftbegriff von Gott".[KrV590/94] Diesen vernunftgesetzten >Gott< sieht Kant gegen Beweisbarkeit ebenso immun wie gegen dessen Negation.[KrV632ff] Er hält diesbezüglich polemisierende >Freigeister< für ohnmächtige Widersacher der Glaubensverteidiger. Die Jugend jedoch müsse **geschützt** werden, bis sie ihres Glaubens gewiss sei.[vgl.KrV641f] Das heißt unter dem Aspekt eines redlichen Intellektes und in der für diese Studie eingeführten Terminologie, bis diese Jugend qua Sozialisation der ontogenetischen Modifikation ihres religionsbildnerischen Potentials unterzogen worden sein wird.

Kant postuliert: „Die Endabsicht, worauf die Spekulation der Vernunft im transzendentalen Gebrauche zuletzt (hinauslaufe, betreffe) drei Gegenstände: die Freiheit des Willens, die Unsterblichkeit der Seele und das Dasein Gottes".[KrV672] Die Freiheit des Willens dient Kant als Verbindung zu jenen Gesetzen der Moral, welchen er unterstellt, „das Dasein eines höchsten Wesens ... postulieren" zu können.[vgl.KrV558ff,673ff] Diesen Gesetzen unterstellt Kant, Glaubensvertrauen zu rechtfertigen; „der Glaube an Gott und eine andere Welt (sei) mit (seiner) moralischen Gesinnung so verwebt, dass, so wenig (er) Gefahr laufe, die (letztere)* einzubüßen, eben so wenig besorge (er), dass (ihm) der (erste)* jemals entrissen werden könnte". Wie weit Kant hier hinter Spinoza zurückfällt, wird deutlich, wenn er einräumt: „Das einzig Bedenkliche, das sich (hierbei) finde, (sei), dass sich dieser Vernunftglaube auf die Voraussetzung moralischer Gesinnung gründe". Der christianisierende Gestus dieser Katechisierung der Vernunft verrät sich in der Beschwichtigung jener Bedenklichkeit durch die verräterische Zuversicht, es bleibe „doch auch in diesem Falle genug übrig, um zu

---

[38] Auch hier wird argumentativ implizit die phänomenale Wirklichkeit hinsichtlich der Unaufweisbarkeit des >Dinges an sich< suggestiv gleichsetzend in Anspruch genommen.

machen, dass er [der unmoralische Mensch] ein göttliches Dasein und eine Zukunft ***fürchte***“.[(KrV694/*Akad.Ausg.)]

Als >Metaphysik der Sitten< verfasst Kant seine dezidiert ohne Rücksicht auf die Anthropologie seiner Zeit, also unter Missachtung empirischen Wissens vom Menschen, konzipierte rigide Moralgesetzgebung.[39(vgl.MS12f)] Der seiner sittlichen Qualität nach von seinen Folgen in prekärer Weise freigesprochene Kantische >gute Wille<[(MS19)] legitimiert im Prinzip die Ketzerverbrennung. Sie erfolgte ja um des >Seelenheiles< willen, setzte also den Menschen zum ewigen Zweck seiner selbst, der nur den ohnehin sterblichen Körper als Mittel erfordern würde.[(MS19,59)] Ein mitmenschliches Wohlverhalten, das demjenigen, der es praktiziert, etwa auch zum eigenen Wohlbefinden gereicht, entwertet sich nach Kants Auffassung selbst. Es nimmt den Nutznießer des Wohlverhaltens zum Zweck des Wohltäters in Anspruch.[(MS24)] Hier erfolgt eine Umkehrung der Auffassung Spinozas vom **wohlverstandenen** Eigennutzen, den der Mensch erstreben möge, indem er zugleich allen anderen zuerkennt, was er für sich selbst erhofft. Bei Spinoza darf also Freude erfahren werden, indem Freude bereitet wird.

Nietzsche bestätigt in seiner >Morgenröte<[§339(KSAIII/236)] insbesondere auch solchen Auffassungen Kants einen „Rest von asketischer Grausamkeit“.[40] In seiner >Fröhlichen Wissenschaft<[(§335)] erkennt er Kant zu, sich in den Käfig zurückverirrt zu haben, welchen „seine Kraft und Klugheit ... erbrochen hatte“.[(KSAIII/562)] Kants Ansatz einer anthropologisch neutralen Moralgesetzlichkeit der Vernunft lässt sich aus der anzunehmenden Prägung seines religionsbildnerischen Potentials auf den angeblichen Gesetzgeber des christianisierten Monotheismus begreifen. Dieser fordert bekanntlich, etwa von Abraham, als Nachweis treuer Gefolgschaft die Opferung des Nachkommen, das heißt, die Tötung **des** Lebens, um dessen Erhaltung willen der Mensch seiner phylogenetischen Ausstattung nach als einzige Ausnahme den eigenen Überlebenstrieb zu ignorieren vermag. Unter dieser Prägung wird der Mensch auf Selbstverleugnung hin zugerüstet, deren Misslingen ihn auf Gnade und Ungnade an die Gottes- und Jenseitsfurcht ausliefert. Was Nietzsche — in der weitergedachten Nachfolge Spinozas wie Epikurs — als Rückkehr in den erbrochenen Käfig kommentiert, stellt Kant als >Primat der reinen praktischen Vernunft in Verbindung mit der spekulativen< dar. Diese hatte ihm den >Käfig< allem Anschein nach als unredlich unterhaltene Zuflucht aufgezeigt. Darum stellt er sie unter religionsbildnerisch sanktionierte Vormundschaft, welche er durch die >reine praktische Vernunft< ausgeübt zu finden trachtet. In diesem Zusammenhang wird die vormals reine Vernunft auf ihr spekulatives Vermögen beschränkt. Die >Reinheit< jedoch wird nun für die religionsbildnerisch dominante >praktische Vernunft< reserviert. Dieser räumt Kant ein, „der erste Bestimmungsgrund der Verbindung mit allen übrigen (durch Vernunft verbundenen Dingen) zu

[39] Immanuel Kant; >Metaphysik der Sitten< in stw56, Suhrkamp Ffm 1989, Seitenzahlen im Text mit MS

[40] Friedrich Nietzsche; Werke Kritische Studienausgabe in 15 Bdn. dtv/de Gruyter Berlin. 1988 Bd./Seitenzahl im Text, auch >Werke in drei Bänden<, Hrsg. K. Schlechta, Hanser München 1994 mit Schl/Bd./Seitenzahl

sein".[KpV249] Kant verschafft sich mit seiner Präferenz der praktischen vor der theoretischen Vernunft eine Strategie, um jenen Abgrund, welchen sein redlicher Intellekt offenbar aufgedeckt hatte, psychisch bearbeiten zu können. Die lesbare Konfrontation der primär archaisch vererbten Glaubensgewissheit mit den Einsichten des modernen Erkenntnissubjektes lässt einmal mehr die rigide Durchsetzungskraft des religionsbildnerischen Potentials zu Tage treten.

Im Rahmen seiner Strategie erklärt Kant, „die Unsterblichkeit der Seele (sei) ein Postulat der reinen praktischen Vernunft". Hierin will er jedoch vorrangig einen ins unendliche Jenseits erweiterten Bewährungsraum eröffnet wissen, um einem „vernünftigen aber endlichen Wesen ... aus seinem bisherigen Fortkommen vom Schlechteren zum Moralischbesseren ... selbst über dieses Leben hinaus" einen pflichtgemäß christianisierten Horizont moralischer Erreichbarkeit auszuloben.[vgl.KpV252ff] Indem Kant kurzerhand unterstellt, das moralische Gesetz im Menschen postuliere die >Existenz Gottes<,[vgl.KrV513,558f;KpV261] liefert er ein weiteres Indiz für die in dieser Abhandlung vertretene Annahme einer engen Verflechtung von Sozialverhaltenskompetenz und religionsbildnerischem Potential. Jenes von Kant postulierte moralische Gesetz wird jedoch durch die praktische Vernunft verwaltet. Folglich lässt sich auf diese >das Dasein Gottes< sogar als >Postulat< abwälzen.[KpV254] Mit diesem Postulat wird jenem anderen, das die >Unsterblichkeit der Seele< behauptet, eine Instanz geschaffen, welcher des beseelten Individuums >Glückseligkeits-Würdigkeit<[Vgl.KpV261f] sich dann anheim gegeben findet.

Kant interpretiert dieses Postulat der reinen praktischen Vernunft als >reinen Vernunftglauben<, und lässt diesen als Christianisierung der Vernunft erkennen.[vgl.KpV257ff] Diese praktische Vernunft bestimme den vorgängig als >gut< ausgezeichneten >reinen Willen< durch das Gesetz, welches Grundsatz der Moralität sei.[KpV264] Sie verwaltet also die Komponente sozialer Verhaltenskompetenz des religionsbildnerischen Potentials, die als Freiheit zu moralischem Handeln angenommen wird. Freiheit solcherart vernunftgeleiteten Handelns setze eine >intelligible Welt< voraus, und diese wiederum habe notwendigerweise das Dasein Gottes zur Bedingung. — Welch eine Selbstüberlistung der reinen Vernunft! Sie lässt sich bis zur Behauptung verführen, es zeige sich „nicht allein ... die Notwendigkeit, ein ... Urwesen ... anzunehmen, sondern ... ein(en) genau bestimmte(n) Begriff dieses Urwesens". Dieses darf der glaubende Mensch nach Kants Auffassung sodann mit Eigenschaften ausstatten, welche seinem Vorstellungsbedürfnis entgegenkommen.[KpV272f]

Schließlich gelangt Kant dahin, „vom Führwahrhalten aus einem Bedürfnisse der reinen Vernunft" auszugehen.[KpV276] Als reine spekulative Vernunft stelle sie Hypothesen auf, um sie forschend ihrem Bedürfnis gemäß bestätigt und erklärt finden zu können. So setze sie auch angesichts der „Ordnung und Zweckmäßigkeit in der Natur ... eine Gottheit als deren Ursache voraus", um sie zu erklären. Hierbei erweise sich, dass auch die >allervernünftigste Meinung< keine befriedigende Bestätigung der Hypothese sei. Demgemäß bekennt Kant, das Bedürfnis der reinen praktischen Vernunft sei „auf einer **Pflicht** gegründet, etwas (das allerhöchste

Gut) zum Gegenstande (seines) Willens zu machen, um es nach allen (seinen) Kräften zu befördern; wobei (er) aber die Möglichkeit desselben, mithin auch die Bedingungen dazu, nämlich Gott, Freiheit und Unsterblichkeit voraussetzen (müsse), weil (er) diese durch seine spekulative Vernunft nicht beweisen obgleich auch nicht widerlegen (könne)". Diese Pflicht findet Kant auf dem „für sich selbst apodiktisch gewissen ... moralischen Gesetz" begründet.[(KpV276f)]

Immer wieder artikuliert Kant mit verblüffender Prägnanz die rigide Durchsetzungsmacht des religionsbildnerischern Potentials. „Ein Bedürfnis in schlechterdings notwendiger Absicht ... rechtfertig(e) ... seine Voraussetzung ... als Postulat". Der „Rechtschaffene (dürfe) wohl sagen: ich will, dass ein Gott, dass mein Dasein in dieser Welt, auch außer der Naturverknüpfung, noch ein Dasein in einer reinen Verstandeswelt, endlich auch, dass meine Dauer endlos sei, ich beharre darauf und lasse mir diesen Glauben nicht nehmen". Kant formuliert eine „Maxime des Fürwahrhaltens in moralischer Absicht" auf der Grundlage eines >reinen praktischen Vernunftglaubens< als „Bestimmung unseres Urteils, jene Existenz anzunehmen".[(KpV280)] „Der Weltregierer (lasse) uns sein Dasein und seine Herrlichkeit nur mutmaßen, nicht erblicken oder klar beweisen".[(KpV282)] Kant besiegelt schließlich und endlich den erwiesenen Primat seiner religionsbildnerisch praktischen Vernunft im berühmten Bekenntnis zum >Beschluss< seiner >Kritik der praktischen Vernunft<. Zwei Dinge erfüllten das Gemüt mit immer neuer und zunehmender Bewunderung, je öfter und anhaltender sich das Nachdenken damit beschäftige: >der gestirnte Himmel über ihm und das moralische Gesetz in ihm<. Beide verknüpfe er unmittelbar mit dem Bewusstsein seiner Existenz.[(KpV300)]

Kants Differenzierung zwischen >reiner spekulativer< und >reiner praktischer< Vernunft entspricht dem Antagonismus zwischen prekärem Antizipationsvermögen und der diesem aller Wahrscheinlichkeit nach in entlastender Funktion entgegentretenden Beschwichtigungsstrategie, wie sie das archaische Gehirn zur Bewältigung der angenommenen Extremsituation herausgebildet zu haben scheint. Das Antizipationsvermögen erfüllt bei Kant die Rolle der >reinen spekulativen Vernunft<, die sich Fragen konfrontiert findet, welche sie weder zu ignorieren, noch unter Wahrung intellektueller Redlichkeit selbst zu beantworten vermag. In diesem Zwiespalt siedelt sich offenbar Kants religionsbildnerisches Potential als >reine praktische Vernunft< an.

Das Antizipationsvermögen leistet allem Anschein nach als intellektuelle Komponente des Überlebens-Imperativs nach wie vor den kontinuierlichen Erkenntnisfortschritt des menschlichen Gehirns. >Spekulation< ist der Erfahrung antizipativ vorausgreifendes Entwerfen künftiger Erfahrung. Vermutlich kraft dieser intellektuellen Komponente des phylogenetisch gefestigten Überlebens-Imperativs nötigt sich dem Gehirn das antizipative Wissen auf, gegenüber diesem Imperativ unausweichlich künftig einmal entscheidend versagen zu müssen. Zur Kompensation dieses potentiell zu unerträglichem Dauerstress eskalierenden Wissens muss dann auch die Antizipation immer wieder um beschwichtigende Entwürfe künftiger Erfahrung erweitert werden. Dieser Erweiterungen versichert sich das religionsbildnerische Potential wohl naheliegenderweise kraft seiner Komponente sozialer Verhaltenskompetenz als Strategie der psychischen Bearbeitung des Wissens um die Unausweichlichkeit des eigenen Todes. Für das moderne Erkenntnissubjekt nach Kant könnte diese Strategie sich dahingehend fortentwickeln, mit dem redlichen Intellekt auf einer Ebene in Einklang zu gelangen, welche des Selbstbetruges nicht bedarf, um mit dem Wissen um den eigenen Tod, das heißt um die Endlichkeit der eigenen Reichweite einer Menschenlebensdauer leben zu können. In dieser Hinsicht erweist Spinoza sich Kant gegenüber als der modernere Denker

4) Zwischenbetrachtung

Für die bisher untersuchten Schriften konnte die erkenntnisunterlaufende Durchsetzungskraft der religionsbildnerischen Komponente im Denken ihrer Autoren aufgezeigt werden. Hierbei hat sich in den Texten Descartes' und Kants als beider interesseleitendes Anliegen eine Selbstvergewisserung hinsichtlich einer Erklärbarkeit des offenkundig unbedingten Glaubens an eine Gottesexistenz erkennbar machen lassen. Kant nimmt zudem den seiner Auffassung nach aus Vernunftgründen notwendigerweise zu glaubenden >Gott< als Garanten jener Moralgesetze in Anspruch, welchen er den Menschen als Moralsubjekt unausweichlich unterworfen sieht.

Bei Spinoza hingegen konnte die erkenntnisleitende Durchsetzungskraft seines grundsätzlich zweifelsfreien Gottesglaubens als sich bestätigende Funktion seines religionsbildnerischen Potentials wie auch in ihrer spezifisch hervortretenden zutiefst ethischen Dimension verdeutlicht werden. Spinozas eindringliches Interesse gilt ganz unmissverständlich dem Menschen als soziales Wesen.

Ungeachtet der grundlegend zu unterscheidenden Positionen Kants und Spinozas findet sich die in dieser Studie vertretene Annahme einer offenbar ursprünglich, das heißt entwicklungsgeschichtlich bedingten und auch kulturanthropologisch bestätigten Einheit aus religionsbildnerischem Potential und Sozialverhaltenskompetenz durch das Denken beider Philosophen bestärkt. Dieser Befund ist hier als weiteres Indiz für die Wahrscheinlichkeit der im ersten Abhandlungsteil dargelegten natürlichen Erklärung der Religionsbildung herausgearbeitet worden.

Hier lässt sich der Einwand erwarten, die aufgezeigte Durchsetzungskraft solch religionsbildnerisch bestimmten Denkens sei bei bekanntermaßen grundsätzlich religionsapologetischen Denkern, wie Descartes, Spinoza und Kant, angesichts deren Religiosität schon allein aus ihrer Sozialisation erklärbar. Darum soll im Folgenden diese Durchsetzungskraft in ihrer generellen Qualität auch im Denken zweier Vertreter einer prinzipiell, oder auch dezidiert atheistischen Existenzialphilosophie aufgezeigt werden. Die dort zu findende Modifikation dieser Durchsetzungskraft wird in ihrer spezifisch ethischen Ausprägung offenzulegen sein und soll als weiteres Indiz für die wahrscheinliche

Richtigkeit der in dieser Studie vertretenen naturalistischen Erklärung der Religionsbildung herangezogen werden.

Die atheistische Existenzialphilosophie hat ihre wohl wesentlichsten Impulse aus dem Denken Kierkegaards empfangen. Diese finden sich hier jedoch ihres — dem tiefreligiösen Christentum Kierkegaards entstammenden — konfessionellen Glaubenscharakters entkleidet. „Indem Kierkegaard für den religiös Suchenden wie für den philosophisch Fragenden jeden objektiven Halt zerschlägt, ... erscheint er als der große Zertrümmerer, hierin nur Friedrich Nietzsche vergleichbar, der die Axt an die Wurzel eines zweitausendjährigen Gebäudes legt.“[41]

Kierkegaard prangert als kompromisslos gläubiger Christ die halbherzig laue Inkonsequenz des Kirchenchristentums an. Nietzsche hingegen macht das Christentum als Religionskonstrukt für die Umkehrung jener antiken Moral der Selbstachtung in eine Selbsterniedrigung predigende und Mitleid heischende >Sklavenmoral< und auch für den Tod Gottes verantwortlich. „Der christliche Glaube (sei) von Anbeginn ... Opferung aller Freiheit, alles Stolzes, aller Selbstgewissheit des Geistes; zugleich Verknechtung und Selbst-Verhöhnung, Selbst-Verstümmelung“.(KSA/V/66) Nietzsche begreift und beschreibt die „(schauerliche) Paradoxie der Formel <Gott am Kreuze> (als) eine Umwertung aller antiken Werte“. (KSA/5/67,269) „<Der Vater> in Gott (sei) gründlich widerlegt; ebenso <der Richter>, <der Belohner>. Ins gleichen sein <freier Wille>: er hört nicht, – und wenn er hörte, wüsste er trotzdem nicht zu helfen.“(KSA/5/72) Die Botschaft vom Tode Gottes legt Nietzsche einem >tollen Menschen< in den Mund, und dieser sagt: „Gott ist tot und wir haben ihn umgebracht“.(KSA/3/481) Dieser Mord wird als Reaktion auf das unerträglich gewordene, beschämendes Mitleid zumutende Durchschautsein des Menschen berichtet.(vgl. KSA/4/328) Nietzsches Botschaft vom Tode Gottes impliziert die Überzeugung von der Existenz dieses umgebrachten, einmal mehr zu Tode gekommenen Gottes,[42] und zwar insbesondere unter dem Aspekt eines Glaubens an die >ewige Wiederkunft< im Sinne eines Pantheismus, der zu glauben erlaubt: „Dass alles wiederkehrt, ist die extremste Annäherung einer Welt des Werdens an die des Seins“.(Schl/III/853,895, vgl. auch KSA/4/276)

Das Implikat der Existenzüberzeugung in Nietzsches Totsagung Gottes wird im Vergleich zu den erkenntnistheoretisch motivierten Spekulationen hinsichtlich der Gottesexistenz deutlich. „Die spekulativen Behauptungen bringen die Idee Gottes ihrer Form nach ins Spiel. Gott existiert oder existiert nicht, insofern seine Idee den Widerspruch nicht oder doch impliziert. Die Formel >Gott ist tot< ist dagegen von gänzlich anderer Natur: ... sie vollzieht eine Synthese der Idee Gottes mit der Zeit, dem Werden, der Geschichte, dem Menschen. ... Man kann Gott nicht zum Objekt synthetisierender Erkenntnis machen, ohne ihn darin ... umzubringen“.[43] Nietzsches Botschaft von Tode Gottes bringt zumal auch das Dilemma des zunehmend wissend gewordenen Menschen zum Ausdruck. Dieser hat seinen Erkenntnisgewinn

---

[41] vgl. H. J. Störig; >Kleine Weltgeschichte der Philosophie< Fischer Ffm. 1992 Seite 528 künftig Stö/Sz.

[42] Einen Gottestod berichtet Fontenelle in seiner Geschichte der Orakel als Behauptung, der große Pan sei tot. Vgl. Fontenelle; >Historie der heidnischen Orakel< Breitkopf Leipzig 1730 (Gottscheds Übersetzung) S.9

[43] Vgl. Gilles Deleuze; >Nietzsche und die Philosophie< Europäische Verlagsanstalt Hamburg 1991, S.166

mit einer nachhaltigen Zersetzung der eigentlichen Funktion jenes allem Anschein nach archaisch so hilfreich entwickelten Trostpotentials erkauft. Er hat auch die Angstentlastungsinstanz seines archaischen Ahnen als unglaubwürdig durchschaut.

Darüber hinaus hat das Christentum von Anfang an eine „Hochschätzung und Instrumentalisierung der Angst von Seiten der christlichen Denker (als) ein ganz typisches Element der neuen Religion“[44] mit sich gebracht. In den antiken Philosophien hatte die Angst ja eher überwunden werden sollen. Noch 1944 hat sich „der Pfarrer und Psychologe Oskar Pfister ... den Spuren der Angst innerhalb der katholischen Frömmigkeit“ konfrontiert gefunden. Er erkannte „die öffentliche und private Religiosität ... (als) durchsetzt von Angst.“[(PD/17)] Die für den archaischen Menschen vermutete Befindlichkeit existenzieller Angst hat sich also als „kollektive Ängste, die von der Religion hervorgerufen wurden“,[(PD/15)] vervielfältigen lassen. Die im kirchlichen Schrifttum als Tugend figurierende Angst[(vgl. PD/16)] bleibt, die Reformation weit überdauernd, unter dem Begriff der >Gottesfurcht< zumal auch pietistisches Erziehungsinstrument.

Obgleich Nietzsche sich wiederholt[(z.B. KSA/5/19,28,43)] abfällig über Spinoza äußert, wird dessen Ansatz >Gott oder die Natur< bei Nietzsche im Zusammendenken eines Mordes an >Gott< mit spezifischen moralischen Verformungen menschlicher Sozialverhaltenskompetenz sowie in seiner >Synthese< der Gottesidee mit ewigem Werden und Vergehen der Natur fruchtbar. Beide Denker erfassen die Verquickung von Religion und Moral [als Sozialverhaltenskompetenz] und tragen so zur Stützung der in der hier vorliegenden Studie vertretenen Auffassung bei, wonach diese Verquickung bereits in der Phylogenese des Menschen angelegt zu sein scheint.

Nietzsches Denken ist insbesondere auch hinsichtlich seines Nihilismus rezipiert worden, wie dieser unter anderem im Konzept der ewigen Wiederkehr hinsichtlich des Daseins zum Ausdruck kommt, als „Dasein, so wie es ist, ohne Sinn und Ziel, aber unvermeidlich wiederkehrend, ohne ein Finale ins Nichts“.[(Schl/III/853)] Diesen Nihilismus weist Heidegger in seinem, als >Fundamentalontologie< verfassten sowie einer religiös indifferenten Existenzphilosophie verpflichteten Hauptwerk >Sein und Zeit< explizit zurück .

Auch Sartres philosophisch entfalteter Begriff des >Nichts< wird sich als ein Konzept der Selbstüberschreitung des faktischen Gegebenseins der menschlichen Existenz auf eine bewusst gelebte und sozialkompetent verantwortete Gestaltung dieser Existenz hin zu erkennen geben.

---

[44] Vgl. Peter Dinzelbacher; >Angst im Mittelalter< Schöningh Paderborn 1996, Verweise mit PD/Sz. hier 16

5) Martin Heidegger
Existenzielle Zeitlichkeit
als auferlegte Chance

„In seinen ersten Studienjahren können wir Martin Heidegger beobachten, wie er nach einer Philosophie sucht, mit der er sich in der Arena der Moderne behaupten kann und die ihm zugleich erlaubt, irgendwie unter dem Himmel von Meßkirch zu bleiben."[45] Angesichts dieser Konstellation liegt es nahe, dass Heideggers existenzphilosophische >Fundamentalontologie< >Sein und Zeit<[46] von vornherein bezüglich der Fragestellung nach einer darin aufweisbaren Präsenz religionsbildnerischer Denkstruktur in die Reihe der hier genauer zu betrachtenden Texte einbezogen werden sollte.

In der unter anderen vor allem durch Edmund Husserl vertretenen und ab 1916 in Freiburg gelehrten Phänomenologie findet Heidegger zunächst eine Philosophie, welche als eine Art „weltanschaulicher Hoffnungsträger ... die Aura eines neuen Anfangs (besaß)" und für sich „das Ethos der sachlichen Reinheit und Richtigkeit" in Anspruch nahm, was „natürlich auf Gesinnung, Charakter und Lebensweise abfärben (musste)".[(Saf.89f)] Hier ergibt sich also für Heidegger offenbar die philosophische Verfassung einer religiös indifferenten Modifikation der religionsbildnerischen Denkstruktur, und zwar als Anliegen einer Versöhnung des in Bezug auf die tradierten Glaubensgehalte nicht zu befriedigenden Erkenntnisstrebens mit dem hierin sich abzeichnenden Sinndefizit menschlicher Existenz. Eben dieses Defizit wird vermittels der religionsbildnerischen Komponente sozialer Kompetenz als Prägung von „Gesinnung, Charakter und Lebensweise" aufzuheben getrachtet. Für Heidegger lässt die Phänomenologie Husserls jedoch die Frage offen, „in welchem Sinn denn der Mensch, [hinsichtlich seines existenziell bewussten Seins(He-Je)] seiend sei".[(Saf.101f)] Auf diese Frage nach dem >Sinn von Sein< deutet er bereits im Titel >Sein und Zeit< seine intendierte Antwort an.

In der vorliegenden Abhandlung soll Heideggers Hauptwerk >Sein und Zeit< also um der darin in ihrer anspruchsvollen ethischen Dimension wahrzunehmenden religionsbildnerischen Denkstruktur willen auf deren religiös indifferentes Auftreten hin betrachtet werden. Hinsichtlich dieser ethischen Dimension kommt dem Begriff >Zeitlichkeit<, wie Heidegger ihn verwendet, besondere Aufmerksamkeit zu. Er will >Zeitlichkeit< als Sinn der spezifisch menschlichen Existenz aufgefasst wissen.[(SZ10)] Das heißt, er betrachtet das existenzielle Selbstverständnis des Menschen als mit dessen Zeitverständnis so eng verwoben, dass „die Alltäglichkeit ... sich als Modus der Zeitlichkeit (enthüllt)".[(SZ234)] Insgesamt hat diese Zeitlichkeit den Charakter einer Grundbefindlichkeit. Sie betrifft >das Sein zum Tode< des Menschen, der während seiner Endlichkeit nach besten Kräften erfüllt haben soll, was ihm kraft seines Menschseins im >Miteinander-in-der-Welt-sein< auferlegt ist. Heidegger

---

[45] Vgl. Rüdiger Safranski; >Heidegger< Fischer Ffm. 1998, hier S.55, sonst Seitenzahl mit Saf. im Text.

[46] Martin Heidegger; >Sein und Zeit< Niemeyer Tübingen 1986 Seitenzahlen im Text mit SZ

macht hinsichtlich seines fundamentalontologischen Zeit- und Zeitlichkeitsbegriffes zunächst vom vorphilosophisch und generell vorwissenschaftlich verfassten Wissen um die Zeit Gebrauch.
An dieser Stelle bietet sich hinsichtlich dieses >selbstverständlichen< Wissens des Menschen um die Zeit ein kurz gehaltenes Abschweifen bezüglich einer ergänzenden Überlegung zum Zeitbegriff überhaupt an. Das ursprüngliche Wissen um die allgegenwärtig andauernde Zeit dürfte sich am plausibelsten als eine Dimension der phänomenalen Wirklichkeit begreifen lassen. Diese Dimension wird vom Menschen als sogenannte Gerichtetheit wahrgenommen. Für den Menschen gibt sich somit die Zeit zunächst als eine der reflektierbaren Wahrnehmungsdimensionen zu erkennen. Zeit ist folglich ebenso wenig als ein Produkt menschlichen Denkens aufzufassen, wie die phänomenale Wirklichkeit insgesamt. Sie gehört vielmehr als ein wahrnehmbarer Faktor unter anderen zu dieser phänomenalen Wirklichkeit. Dass das so ist, hat Aristoteles in seiner antiken Zeittheorie gewissermaßen längst vorgedacht. Er hat die absolute Unmöglichkeit einer Entkoppelung von Zeit-, Bewegungs- und Raumwahrnehmung dargelegt.
Als naturwissenschaftlicher Faktor geht die Zeit, und zwar im Sinne einer generell wahrnehmungsrelevanten Komponente, in die entsprechenden Theorien ein. Das gilt im Rahmen der Neurowissenschaften in spezifischer Weise. Ernst Pöppel erörtert den Begriff der Zeit in seinem Band >Die Grenzen des Bewusstseins<[47] unter dem Aspekt: „Wie kommt der Mensch zur Zeit?“(PB17ff) Er entfaltet eine >Klassifikation von Zeiterlebnissen< als >Hierarchie des menschlichen Zeiterlebens<. Hinsichtlich des Hörens verweist er auf ein empirisch beglaubigtes >Gleichzeitigkeitsfenster< im Bereich eines Mittelwertes von viereinhalb Tausendstel Sekunden Hörreizabstand zwischen beiden Ohren. Für eine vermittels Lesen hinreichende Informationsaufnahme sind Pöppels Beobachtungen zufolge >mindestens 0,2 Sekunden Fixationszeit< zwischen den Lesebewegungen der Augen erforderlich. Weitere Untersuchungen fördern für die einzelnen Sinnesorgane unterschiedlich weite >Gleichzeitigkeitsfenster< zu Tage. Das heißt, der Faktor Zeit wird selbst in ein und dem selben Gehirn unterschiedlich als je prozessualitätsspezifische Wahrnehmungsdimension aufbereitet. Alle weiterführenden Untersuchungen beruhen jedoch auf einer jeweiligen Differenzierung der ursprünglichen Wahrnehmungsdimension Zeit. Selbst diesen unterschiedlichen Aufbereitungsweisen der individuellen Zeiterlebnisse muss ein invarianter Faktor Zeit zu Grunde liegen. Wie sonst wäre zu erklären, dass es so etwas wie >Uhrzeit< geben kann? Das gilt auch für vereinbarte Sommer- oder Wintertageszeiten. Zeit erweist sich zudem insbesondere als Wirklichkeits-, das heißt, als Wahrnehmungsdimension hinsichtlich der Raum-Zeit-Koordination von Bewegungsabläufen. Sie lässt sich einer sowohl synchron als auch diachron orientierungsrelevanten raumzeitlichen Vierdimensionalität einbegreifen. Die Denkfigur des Zeitpfeils

[47] Ernst Pöppel; >Grenzen des Bewusstseins< Deutsche Verlags-Anstalt Stuttgart 1988 Seitenzahlen mit PB im Text

entspricht im Grunde der Unumkehrbarkeit jeglicher Prozessualität. Was den erfolgreichen Torhüter auszeichnet, gereicht generell auch dem von Baum zu Baum fliehenden Primaten zum Vorteil. Die Zeit lässt sich also offenbar als eine auf der Ebene physikalischer Gesetzmäßigkeiten invariant fundierte und neurophysiologisch aufbereitete Wahrnehmungsdimension begreifen. Als solche kommt der Zeit eine anthropologische Exklusivität allenfalls hinsichtlich der menschlichen Fähigkeit zu reflektiertem Wissen um diesen Wirklichkeitsfaktor zu. Im Horizont solch exklusiven Verständnisses definiert Heidegger seinen Begriff >Zeitlichkeit<. Er will sein Anliegen als dezidiert ontologisches Problem gegen Anthropologie, Psychologie und Biologie abgegrenzt verstanden wissen.[(SZ45)]

Heideggers Suche nach dem Sinn von Sein lässt sich als Suche nach einer intellektuell redlichen und philosophisch befriedigenden Überwindung des Nihilismus erkennen. Seine Problemstellung gilt explizit einer jenseits der empirischen Anthropologie verfassten anthropozentrischen >Fundamental-Ontologie<. Diese betrifft zumal die Offenlegung des >Lastcharakters< der >Seinsverfassung des Daseins<, welche er exklusiv für den Menschen begrifflich als >Existenzial< kennzeichnet.

Im Rahmen der vorliegenden Abhandlung kommt, wie bereits angesprochen wurde, Heideggers Hauptschrift >Sein und Zeit< Aufmerksamkeit zu, weil hierin offenbar religionsbildnerisches Potential in zumindest vordergründig entkonfessionalisierter Art und Weise abgearbeitet zu werden scheint. Die Einschränkung >zumindest vordergründig< trägt der Tatsache Rechnung, dass Heidegger diese Abhandlung acht Jahre nach seinem 1919 vollzogenen „Bruch mit dem katholischen System“ vorlegt.[(Saf.498)] Heidegger hatte sich im Gefüge dieses Systems bis über seine Habilitation hinaus als Stipendiat zu bewähren gehabt.

Bereits in Heideggers anthropozentrischem Ansatz dieser Ontologie kommt die primäre Durchsetzungskraft seines religionsbildnerischen Denkens zum Ausdruck, indem diese Grundeinstellung den Menschen bezüglich seines Anspruchs empirieüberschreitender Existenz auszeichnet. — >Sein< im hier interessierenden Sinne gilt exklusiv im Hinblick auf „Dieses Seiende, das wir je selbst sind“ als „Dasein“. Das heißt zugleich, es „ist vor anderem Seienden ausgezeichnet“. Dieses „Dasein hat ... die Tendenz, das eigene Sein ... aus der Welt (zu verstehen)“.[(SZ/7,11,15)] Die Gegebenheiten der Umwelt sind vom Charakter >zeughafter Zuhandenheit< und außerhalb derselben in >purer Vorhandenheit< aufgefasst. „Wenn wir auf die Uhr sehen, machen wir unausdrücklich Gebrauch vom »Stand der Sonne«.“[(SZ/68,70,71)] Heideggers religionsbildnerisches Potential tritt, und zwar in dessen Komponente sozialer Kompetenz, zumal auch unter dem Aspekt des >In-der-Welt-seins als Mit- und Selbstsein< und im Zuge der Ausführungen zu >Dasein und Zeitlichkeit< zu Tage.

Heidegger charakterisiert das >In-der-Welt-Sein< als >Mitsein< und >Mitdasein<. Diese Differenzierung betrifft eine Unterscheidung des >In-der-Welt-seins< als >Man selbst< im Sinne von >ein Ich wie alle Anderen< vom >In-der-Welt-sein< als >Ansichsein< im Sinne von >ich selbst<. Dieses könne jedoch „zunächst (nicht) als isoliertes Ich ohne die Anderen“ gegeben sein.(SZ/114,116) In der Welt des Daseins sei auch das innerweltliche Ansichsein >Mitdasein<. Heideggers akribische Analyse des menschlichen Miteinander-in-der-Welt-Seins zeugt für seine insistierende Suche nach der Struktur einbindender Geborgenheit des Individuums im durchschnittlichen Miteinander des >Man<, wobei das Sein dieses Individuums >eigentliches Selbstsein< im Sinne eines >wesenhaften Existenzials< bleibt.(SZ/130) Heidegger charakterisiert das >Mitdasein< als >Fürsorge<. Dabei verweist er auf die prekäre Möglichkeit einer fürsorgenden Entmündigung des Anderen und reklamiert implizit Fürsorge zur Selbstsorge.(SZ/122)

Die Ausführungen Heideggers zur Alltäglichkeit des >Man< lassen diese als ein **Religionsersatzgefüge** deutlich werden. „Und weil das Man mit der **Seinsentlastung** dem jeweiligen Dasein ständig entgegenkommt, behält es und verfestigt es seine hartnäckige Herrschaft.“(SZ/128) Heidegger postuliert eine Kluft zwischen dem Existenzial des >Ansichseins< als eigentlichem >Ich-selbst< und „der Identität des in der Erlebnismannigfaltigkeit sich durchhaltenden Ich“.(vgl./SZ130) Er zeigt die Alltäglichkeit des >Man< als eine Art instanzloser Anonymität auf, die dennoch als Zuflucht gewährende Vielheit Macht über das >Ansichsein< ausübt. Dieses >Niemand< das >es gewesen ist<, was immer auch verübt worden sein mochte, findet sich als >positive Nichtexistenz< verfasst, die Heidegger ausdrücklich nicht als nihilistische Leere verstanden wissen will.(vgl. SZ/187/443) Heidegger hat also um das prekäre Potential der Vielheitsmacht des >Miteinander-in-der-Welt-Seins< gewusst, das eben auch unerbittliche Nationalismen hervortreibt. Er hat andererseits dem Menschen jenes Ansichsein der gewählten Möglichkeit zugetraut und zugemutet, das seiner Zeitlichkeit gewahr ist und sein Dasein auf sich nimmt. Für ihn selbst sollte das heißen, dass er sich zeitlebens nicht bereit zu finden vermochte, seinen ideologischen Irrtum explizit als solchen einzuräumen.

Dessen ungeachtet entfaltet Heidegger unter dem Aspekt der Zeitlichkeit für das Dasein des Menschen in seiner Verfasstheit als Mitdasein einen den Einzelnen unlösbar umfangenden Verbindlichkeitszusammenhang.(Vgl.SZ§58) So verleiht er dem Begriff der >ererbten< Schuld einen zwischenmenschlich relevanten Sinn, der in jener christologischen Version verfehlt bleibt. Unter Heideggers Zeitlichkeitsaspekt ist der Mensch notwendigerweise zugleich Schuldner und Gläubiger im Miteinander-in-der-Welt-Sein. Die Zeitlichkeit ist dem Individuum eingeräumt, um diesen Doppelcharakter seines Daseins auszutragen. Wir haben nur diese eine Endlichkeit Zeit, um werden zu können, die wir gewesen sein wollen. Das macht den >Lastcharakter< des Daseins zur exklusiv menschlichen Notwendigkeit. Zeitlichkeit im Sinne Heideggers heißt nicht Lebenszeitdauer. Sie kennzeichnet vielmehr das Dasein des Menschen als Art und Weise seines >In-der-Welt-Seins<. Von daher kommt dieser Zeitlichkeit eine Räumlichkeitskomponente im Sinne des Eingeräumtseins zu.(vgl. insb. SZ/§§65ff) Was bei Heidegger als In-der-Welt-Mitdasein beschreibbar zu machen versucht wird, lässt an die fortgesetzte Konfiguration insbesondere des menschlichen Gehirns denken, die sich in dessen Auseinandersetzung mit der Umwelt ereignet. Heidegger erfasst auf seiner existenzialphilosophischen Ebene die neurophilosophische Einsicht, dass wir als Mitmenschen einander unsere Gehirne, und damit fortlaufend unsere künftigen Wahrnehmungs- und Erlebensweisen verändern.(vgl. RH/168)

Heideggers existenzialphilosophische Durchdringung der tiefgreifenden und umfassenden zwischenmenschlichen Verbindlichkeitsstrukturen darf in ihrer ethischen Relevanz ganz gewiss als Leistung seines religionsbildnerischen Potentials aufgefasst werden. Er blendet die Gottesexistenzproblematik völlig aus. Wohl aber sucht er die Selbstvergewisserungsbedürftigkeit des Menschen im Angebot einer befriedigenden Sinnhaftigkeit des Daseins aufzuheben. Dabei trachtet er, nicht zu unterschlagen, was dem auf sich selbst verwiesenen Menschen auferlegt sein wird. Er spricht von der „Geworfenheit dieses Seienden in sein Da“, auch vom „Lastcharakter des Daseins“,(SZ/135) von „Undienlichkeit, Widerständigkeit, Bedrohlichkeit des Zuhandenen“; und er konstatiert: „Nur was in der Befindlichkeit des Fürchtens bzw. der Furchtlosigkeit ist, kann umweltlich Zuhandenes als Bedrohliches entdecken.“(SZ/137) „Hat ... das Bedrohliche den Charakter des ganz und gar Unvertrauten, dann wird die Furcht zum Grauen.“(SZ/142) Hier erfasst er eine, angesichts der diesbezüglich bisher in der hier vorliegenden Studie zusammengetragenen zahlreichen Indizien, aller Wahrscheinlichkeit nach schlechterdings fundamental archaische Befindlichkeit.

Mit der Eröffnung einer Sinnhaftigkeitsperspektive verbindet Heidegger in etwa die Auffassung, dass dem Menschen mit dem Verstehen des In-der-Weltseins eine Auslegungskompetenz eingeräumt ist. Diese wiederum impliziert einen Selbstentwurf des Menschen hinsichtlich seines >In-der-Welt-Seins<.[48] Dieser Selbstentwurf steht kraft der Sprache von einem verstehenden Entwerfen des Daseins her als >Existenzial< für den Sinn desselben ein. Im Rahmen der hier vorliegenden Studie kann Heideggers Hochschätzung der Sprache bei weitem nicht angemessen erschlossen werden.(Vgl.insb.§§31ff) Seine in diesem Zusammenhang gewissermaßen religionsartige Auffassung lässt erkennen, dass er dem Sprachvermögen eine die bewusste Existenz des Menschen als >In-der-Welt-Sein< konstituierende Dimension zuerkennt. Er wird die Sprache später >Haus des Seins< nennen.

Von der Sprache ausgehend erörtert Heidegger das Wahrheitsproblem, das ja, wie Rüdiger Safranski in seiner Heidegger-Monographie(Saf50) konstatiert, als „Verlangen nach Gewissheit bekanntlich eine Geisteshaltung (ist), in der inkognito immer noch viel Religiöses steckt“. Demgemäß führt Heideggers Wahrheitserörterung zur ausgesprochen religiös konnotierten Befindlichkeit der existenzialen Angst. Dieser kommt nach Heideggers Auffassung eine der Furcht vorgängige, existenziell daseinsbedrohende, allgegenwärtige Mächtigkeit zu.(SZ/180) Er charakterisiert diese Angst als Angst sowohl vor dem, wie auch um das >In-der-Welt-Sein<. Auch damit ruft er eine prekäre, — der vermutlich elementar

---

[48] Vgl.SZ151; Sartre wird auch diesen Ansatz wesentlich weiterdenken.

archaischen äquivalente — Befindlichkeit auf: Angst vor der als bedrohlich begriffenen Umwelt

Heidegger sieht zugleich durch diese Angst — und von dieser her — die mit der Angst um das existenzielle Überleben verbundene Angst, „im Dasein das Sein zum eigensten Seinkönnen (offenbart), das heißt das Freisein des Sich-selbst-Wählens und -Ergreifens. ... Dieses Sein aber (sei) es zugleich, dem das Dasein als In-der-Welt-sein überantwortet (sei)“.[SZ/188] „Die Angst vereinzelt das Dasein auf sein eigenstes In-der-Welt-sein“.[SZ/187] Aus dieser Vereinzelung nimmt das Dasein wiederum Zuflucht im „Zuhause der Öffentlichkeit“.[SZ/189] Diesem >Zuhause der Öffentlichkeit< spricht Heidegger hinsichtlich des Miteinander-in-der-Welt-Seins eine spezifisch ontologische Sorgestruktur zu. Das lässt sich in gewisser Weise auch als Implikat des bereits angesprochenen Verbindlichkeitszusammenhanges begreifen, in den der Mensch hineingeboren ist.

Hinsichtlich Heideggers Suche nach dem Sinn von Sein wird deutlich, dass er diesen Sinn menschlichen In-der-Welt-Seins in der Zeitlichkeit begriffen wissen will, die dem Menschen eingeräumt und auferlegt ist. Der Sinn von Sein besteht dann für den Menschen im individuellen Auf-sich-Nehmen der Last, das Dasein als Schuldner und Gläubiger im Menschsein auszutragen. Unter dem Aspekt eines angenommenen >Egoismus der Gene< würde das heißen, dass die Spezies das Individuum erhält und durch dieses erhalten zu werden hat. Auch das impliziert die Einsicht, dass der Mensch in eine immer schon auf ihn selbst hin erschlossene Welt hineingeboren und an der unaussetzbaren Erschließung dieser Welt mitzuwirken genötigt ist.

Im Rahmen der vorliegenden Abhandlung sollte aufgezeigt werden, dass das auf sich selbst gerichtete Denken des Menschen sich auch unter bewusster Ausblendung der Gottesexistenzproblematik dem religionsbildnerischen Potential nicht zu entziehen vermag. Selbst streng naturwissenschaftlichem Forschen kommt ja zugute, worauf Safranski verweist, dass das „Verlangen nach Gewissheit bekanntlich eine Geisteshaltung (ist), in der inkognito noch immer viel Religiöses steckt“. Seine Darlegungen zu Sein und Zeit hat Heidegger dezidiert als Ontologie aufgefasst wissen wollen. Indem er sich offenbar gedrängt fand, eine anthropozentrische >Fundamentalontologie< zu erarbeiten, hat er dieser eine anspruchsvolle, im engen Rahmen der vorliegenden Abhandlung lediglich aufweisbare Ethik eingeschrieben. Damit findet sich sein religionsbildnerisches Potential unter dem Primat seiner Komponente sozialer Verhaltenskompetenz im tragenden Kontext jeglicher Religionsbildung zum Ausdruck gebracht.

Angesichts der Biographie Heideggers drängt sich die Frage nach der Vereinbarkeit einer so anspruchvollen Ethik mit seinem problematischen Engagement auch als Philosoph einer exorbitant menschenverachtenden Weltanschauungskonzeption auf. Heidegger scheint sich empfänglich gefunden zu haben für jene im weit überwiegenden Teil des deutschen Sprachraumes um sich greifende Ideologie einer im Miteinandersein als ausgezeichnet beschworenen Volksgemeinschaft. Es wird angenommen werden dürfen, dass diese

Empfänglichkeit im selben religionsbildnerischen Potential verankert war, das sich seiner Ontologie als anspruchsvolle Ethik eingeschrieben findet. Jene ritualhaften Masseninszenierungen, darüber hinaus die Überhöhung sogenannten Brauchtums, wie auch die >Alle-für-Einen — Einer-für-Alle< Terminologie mit ihren suggestiv christologischen Anleihen, werden vermocht haben, das >Man< zu verführen. Dieses Konzept hat offenbar selbst in Heideggers intellektuell trainiertem Gehirn der schlechterdings unhintergehbaren Struktur des religionsbildnerischen Potentials entsprochen und ein zutiefst existenzielles Bedürfnis der Zugehörigkeit zu befriedigen vermocht. Das erkennt Sartre. Er schreibt, „Heideggers »Mitsein« ist nicht die klare und deutliche Position eines Individuums gegenüber einem anderen Individuum, ... sondern die dumpfe Gemeinschaftsexistenz des Mitspielers in einer Mannschaft“.[(SN447,vgl.Fn49)]
In Heideggers Schrift >Sein und Zeit< hat sich die religionsbildnerische Durchsetzungskraft als ethische Dimension insbesondere hinsichtlich der Entfaltung des oben angesprochenen Verbindlichkeitszusammenhanges aufzeigen lassen. Das bezüglich des in der hier vorliegenden Abhandlung vertretenen Anliegens relevante argumentative Gewicht dieser Aufweisung ergibt sich aus der bei Heidegger deutlich erkennbaren Übertragung des religionsbildnerischen Impetus auf die problematische Situation des Menschen in seiner sozialen Umwelt.
Heidegger hat gegen den Nihilismus angedacht und angeschrieben, wie er in der Philosophie Nietzsches präsent ist. Eine weniger nihilistische als vielmehr beißend spöttische Antwort auf das tradierte anthropozentrische Weltbild seiner eigenen Zeit kommt in Nietzsches Einleitung zu seiner Schrift >Über Wahrheit und Lüge im außermoralischen Sinn<[(KSA/1/873ff)] zum Ausdruck. Dort bietet er eine Fabel an, worin es „in irgend einem abgelegenen Winkel des in zahllosen Sonnensystemen flimmernd ausgegossenen Weltalls einmal ein Gestirn (gegeben habe), auf dem kluge Tiere das Erkennen erfanden“. In dieser Fabel habe sich „die hochmütigste und verlogenste Minute der ‚Weltgeschichte' (ereignet): aber doch nur eine Minute. Nach wenigen Atemzügen der Natur erstarrte das Gestirn, und die klugen Tiere mussten sterben. ... Es gab Ewigkeiten, in denen (der menschliche Intellekt) nicht war; wenn es wieder mit ihm vorbei ist, wird sich nichts begeben haben“. Dass hier unter anderem eine Absage an Hegels Weltgeist erfolgt, sei nur anbei erwähnt. Auch der scheint, unter dem Aspekt der in dieser Studie zusammengetragenen Indizien, von Natur aus offenbar religionsbildnerischer Herkunft zu sein. Im Sinne eines Kompromisses zwischen >letztem Winkel< und Zentrum des Universums dürfte sich eine den Menschen schlicht integrierende Betrachtungsweise des >Seins< anbieten, zumal insbesondere auch Heideggers dezidiert anthropozentrische Fundamentalontologie die Frage nach einem nicht auf die Existenz des Menschen verengten Seinsbegriff aufwirft. Am Rande der hier vorliegenden Abhandlung soll versucht werden, mit Hilfe der folgenden Graphik eine Antwort auf diese Frage vorzuschlagen.

Die Graphik soll eine Veranschaulichung der Überlegung anbieten, dass der Begriff >Sein< sich in plausibler Weise im Sinne einer Grundannahme gebrauchen lässt, wonach unter der Voraussetzung eines methodisch pragmatischen Realismus davon ausgegangen werden dürfte, dass die als insgesamt existierend angenommenen Entitäten als ein Inhärenzgefüge begreifbar sein könnten, dessen zunehmend spezifischer in sich selbst ausdifferenzierte Wirklichkeitsebenen in all ihrer Vielfalt in durchaus einem und dem selben >Sein< gedacht zu werden erlauben.

S E I N

N A T U R – R A U M – Z E I T

Prozessualität der kosmischen Evolution

Prozessualität der terrestrischen Evolution

anorganische und organische Systeme

Gestein Gewässer Pflanzenreich Tierreich

*
*
*

Primaten
der Mensch

Das heißt, der Mensch bedarf der kosmischen Voraussetzungen samt ihrer terrestrischen Implikate, die seiner in gar keiner Weise bedürfen. Selbst eine solche Ontologie gilt noch immer der Frage nach des Menschen Stellung im Universum. So bleibt auch hier das Zugehörigkeitsbedürfnis Motivation des Menschen, wissen zu wollen, wohin er gehört.

6) Jean Paul Sartre
Die unhintergehbare Freiheit der Existenzwahl

In den im Rahmen der vorliegenden Studie bisher betrachteten Schriften konnte die Durchsetzungskraft der als religionsbildnerisch charakterisierten Denkstruktur kenntlich gemacht werden. In Heideggers >Sein und Zeit< fand sich eine gut aufweisbare, religiös indifferente Modifikation dieses Potentials. Hierbei hat sich die biographisch gegebene Grundreligiosität Heideggers hinsichtlich des religionsbildnerischen Gestus auch in einem vordergründig religiös indifferenten Text als konzeptionell bestimmend verdeutlichen lassen. Mit Sartres >Das Sein und das Nichts<[49] soll nun die philosophische Hauptschrift eines dezidiert atheistischen Autors unter dem Aspekt der Aufweisbarkeit einer ethischen Version religionsbildnerischer Durchsetzungskraft in ihrer atheistisch-existenzialistischen Modifikation betrachtet werden. Sartres Atheismus schließt, wie sich insgesamt zeigen wird, religionsphilosophische Überlegungen keineswegs aus.
Von Kierkegaards Denken her befasst sich Existenzialphilosophie stets mit dem einzelnen Menschen und seiner jeweiligen konkreten Situation. In Jean Paul Sartres Abhandlung >Das Sein und das Nichts< wird Heideggers Einfluss[50] nicht nur im bezugnehmenden Titel sichtbar. Gleichwohl lässt Sartre in seinem >klaren Atheismus< sowohl „die Verklammerung mit Kierkegaards wesenhaft religiöser Existenz“ als auch Heideggers gewisse >religiöse Indifferenz<(Stö/528) hinter sich. Er bringt Existenzialphilosophie nicht nur als *„Lehre von der Angst ... von der Einsamkeit des Menschen und von der Tragik des Menschseins“*, (vgl. Stö/600) sondern auch als Lehre von der Verantwortung des Menschen für seine bewusste Existenz zum Ausdruck.
In der Existenzialphilosophie scheint die Angst als eine Grundbefindlichkeit des Menschen erfasst zu sein, wie sie in der vorliegenden Abhandlung für den archaischen Menschen als wahrscheinlich angenommen wird. Dieser Annahme nach dürfte die archaische Angst durch die Konfrontation des Überlebenstriebes, der äußerst stabil in der Gruppenbindungssicherung fundiert zu sein scheint, mit der Antizipation des individuellen Sterbens als drohendem Verlust dieser Gruppenbindung hervorgebrochen sein. Die unter existenzialphilosophischem Aspekt wahrgenommene, als der archaischen analog begreifbare Grundbefindlichkeit des Menschen lässt sich vermutlich aus dem intellektuell heraufbeschworenen Verlust der über das individuelle Sterben hinaus gewährleisteten Gruppenbindungszuversicht erklären. Jene in den existenzialphilosophischen Ansätzen zu findende >unaufhebbare Tragik des Menschseins< spricht kraft ihrer Eindringlichkeit dafür, dass der zu Grunde liegende Konflikt seiner Qualität nach archaisch-existenziellen Charakters zu sein scheint. In seiner existenzialphilosophisch begriffenen Ausprägung betrifft er

---

[49] Jean Paul Sartre; >das Sein und das Nichts< Rowohlt Reinbek/Hamburg 1997 Seitenzahlen im Text mit SN
[50] Auch wenn Heidegger selbst >Sein und Zeit< als Fundamentalontologie begriffen wissen wollte, hat er hier gleichwohl existenzialphilosophisches Denken zum Ausdruck gebracht.

offenbar die Situation des Menschen als ein unverwechselbar einzigartiges Individuum, das sich zugleich als eines der Vielen begreifen muss. Auf deren Bereitschaft jedoch, die jeweils eigene Existenz über den individuellen Tod hinaus in der Gemeinschaft andauern zu lassen, findet sich dieser einzelne Mensch verwiesen. Diesen Aspekt erfasst Heidegger mit seinem religionsartig sprachverfassten Konzept der Zeitlichkeit des Menschen in seinem sowohl gewährten wie zugleich auch auferlegten Verbindlichkeitszusammenhang als Mensch.

Bei Sartre findet sich dieser Verbindlichkeitszusammenhang in einer nicht sprachzentrierten, intensivierten Modifikation, welche Walter Biemel[51] als Sartres „Deutung der menschlichen Existenz“ paraphrasiert: „Wir existieren nur insofern, als wir unser Sein zu rechtfertigen vermögen, durch unser Tun und Verhalten. Unser Sein ist etwas zu leistendes.“[(vgl. BW10)] Für Sartre selbst heißt das: „»Der Mensch muss neu geschaffen werden, und diese Erfindung würde zum Teil unser Werk sein. Unseren Beitrag dazu würden wir jedoch ausschließlich in Büchern leisten«.“[(vgl. BW7)] Sartre wählt als persönliches Anliegen zur Rechtfertigung seiner Existenz, dem Menschen vermittels engagierten Literaturschaffens zu dessen eigener Identität zu verhelfen. Dabei geht er davon aus, dass das Individuum die sich ihm zuweisende Rolle übernehmen und seiner eigenen Wahl gemäß leben muss.

Sartre erkennt in Heideggers Konzept der Zeitlichkeit des Menschen in seinem spezifischen Verbindlichkeitszusammenhang „die Bemühung ..., ontologisch eine Ethik zu begründen, um die er sich angeblich nicht kümmert“.[(SN174,vgl.SZ45)] Sartres über Heidegger hinausweisende Auffassung von einer Rechtfertigungsbedürftigkeit der individuellen menschlichen Existenz knüpft hier an. Er schreibt: „Die Intuition unserer Kontingenz ist nicht mit einem Schuldgefühl gleichzusetzen. Dennoch bleibt bestehen, dass im Erfassen unser selbst wir uns mit den Eigenschaften eines nicht zu rechtfertigenden Faktums erscheinen“.[(SN174)] Es ist dieses Faktum des Seins, das Sartre als jene „Faktizität des Für-sich“ kennzeichnet, welche als „Anwesenheit bei der Welt“[(SN173)] im Sein nicht begründet ist und der Rechtfertigung durch das als Bewusstsein nur kraft seiner selbst existierende Sein bedarf. Dieser bewussten Existenz ist nach Sartres Auffassung die Freiheit auferlegt, welche er als „Autonomie der Wahl“[(SN836)] angesichts faktischer Gegebenheiten begriffen wissen will, sich durch die erbrachte Lebensleistung als angeeignete Existenz zu rechtfertigen. Das gilt jener >Rechtfertigung< welche die an anderer Stelle erörterte Wahl der Art und Weise betrifft, wie die faktisch, etwa im Rahmen der Biographie, eröffneten Möglichkeiten im Entwurf der eigenen bewussten Existenz gestaltet werden, um diesen Entwurf als bewusstes Sein zu erfüllen, das heißt, als bewusste Existenz zu sein. Das hier beschriebene „Auseinanderklaffen“ ... zwischen dem Seinstypus, den er denken kann, und dem Sein, das er ist“, nimmt Sartre bei Descartes „am Anfang des zweiten Gottesbeweises“[(SN173)] auf. Eben dieses introspektiv erkennbare >Auseinanderklaffen< vollzieht Sartre nach, und zwar zwischen dem „Bewusstsein ... als ein Sein, das durch sich existiert“ und dem faktischen Sein als „Anwesenheit bei der Welt“.[(a.a.O.)]

---

[51] Walter Biemel: >Sartre< rororo Bildmonographie Rowohlt Reinbek/Hamburg 1998 Sz. im Text mit BW

Dieses >Auseinanderklaffen< erfolgt — so lässt sich, nach allem, was in der vorliegenden Abhandlung zusammengetragen werden konnte, als wohl nicht unplausibel vertreten — als spezifische Erweiterung des phylogenetisch auf das faktische Überleben ausgerichteten Antizipationsvermögens hin zur Freiheit des Menschen, sich als ein Sein zu denken, das er (noch) nicht ist. Insofern trifft zu, dass, wie Sartre ausführt, mit dem Bewusstsein, als bewusstem Sein des Menschen, ein Denken möglich wird, worin >das Nichts< in die Welt kommt. Sartres denkerischer Anschluss bei Descartes verdeutlicht die Überführung des Kulturphänomens der Religionsbildung in eine atheistische Ethik. Hierbei zeigt sich sowohl die Durchsetzungskraft der religionsbildnerischen Denkstruktur, einschließlich ihrer Fundierung in der phylogenetisch verankerten Sozialverhaltenskompetenz des Menschen, als auch die Möglichkeit, diese Durchsetzungskraft in eine moderne Ethik einzubringen. Sartres >Das Sein und das Nichts< lässt sich als auch über Heidegger hinausweisendes Anliegen erkennen, „ontologisch eine Ethik zu begründen um die er (Sartre) sich (sehr wohl) kümmert".

Sartre nimmt die ontisch-ontologische Relation zwischen der faktischen Existenz des Menschen und dessen über die Faktizität hinausweisenden bewusstem Sein als Mensch zur Grundlegung der Verantwortlichkeit des Menschen für seine Existenz als sich verhaltendes und gegebenenfalls handelndes Individuum in Anspruch. Diese Grundlegung erfolgt nach Sartres Auffassung, indem das bewusste Sein das schiere >Sein-an-sich< zugunsten des dem eigenen Entwurf gemäßen >Seins-für-sich< »nichtet«,[52] das heißt, zurückweist. Vermittels dieser Zurückweisung begründet sich — nach Sartres Auffassung — das bewusste Sein als Bewusstsein. Obgleich dieses Bewusstsein nicht Ursache seines Seins sei — die mit der Geburt zu Tage getretene faktische Existenz des Menschen wird als dem Bewusstsein vorgängig und als kontingent betrachtet — kommt Sartre anhand seiner Ausführungen bezüglich dieser >Spiegelung spiegelnden< Seins-Relation zur apodiktischen Aussage, „das Bewusstsein ... ist ... für sein Sein total verantwortlich".[(SN181)] Dieser Darstellung zufolge ergibt sich bei Sartre die existenzielle Verantwortlichkeit des Menschen aus dessen Fähigkeit, sein Sein als Existenz bewusst zu gestalten, das heißt, sich als der Mensch zu denken, der er seinem eigenen Entwurf gemäß zu sein beabsichtigt. Diese bewusste Existenz des Menschen betrachtet Sartre in ihrem Ausgesetztsein als Erblicktwerden unter dem fixierenden Blick des Anderen, so dass sich das >Für-sich< des bewussten Seins auf ein >Für-sich-für-andere< hin modifiziert.

Sartre veranschaulicht das Sein des Bewusstseins im Rahmen seiner Hegel-Kritik als ein „Spiel des »Spiegelung-Spiegelnden«, (das) nicht ein Subjekt-Objekt-Paar" sei.[(SN434)] Diese Kritik richtet sich gegen Hegels Verbleiben „auf dem Boden des Idealismus", da seine „geniale Intention ... bei der vom Idealismus gestellten Frage

[52] Sartres >Nichts< bezieht sich prinzipiell auf die Freiheit des Menschen, die darin besteht, nicht auf etwas, weder auf >Gott<, noch etwa auf ein vom Blick des Andern in einer Situation fixiertes Sein festgelegt zu sein, d.h. die Verantwortung für sein Verhalten auf **nichts** – als Fremdinstanz – abwälzen zu können. (Vgl.SN806)

(bleibe), wie kann der andere für mich Gegenstand werden?" Hegel könne „sich nicht einmal denken, dass es ein Für-Andere-Sein geben (könne), das nicht letztlich auf ein »Gegenstand-sein« reduzierbar" sei.[(SN433)] Sartre formuliert als seine Präzisierung des Problems, eine Ethik ontologisch zu begründen, die Frage: „Gibt es in der alltäglichen Realität eine ursprüngliche Beziehung zum Anderen, die ständig anvisiert werden und sich mir folglich entdecken kann, außerhalb jeder Bezugnahme auf ein religiöses oder mystisches Unerkanntes?"[(SN458f)] Diese ursprüngliche Beziehung begreift Sartre als „»Vom-Andern-gesehen-werden« (als) die Wahrheit des »Den-Andern-Sehens«".[(SN464)] Das heißt für ihn, „der Blick des Anderen macht mich ... in dieser Welt sein ..., denn ich akzeptiere und will, dass die andern mir ein Sein verleihen, das ich anerkenne".[(Vgl.SN471)] Wesentliche Elemente des solcherart Erblicktwerdens sind Scham und Stolz angesichts einer jeweiligen Situation, worin das bewusste Sein sich vom Anderen her fixiert findet.[(auch729,passim)] Demgemäß räumt Sartre dem Blick des Anderen die absolute Schlüsselrolle in seiner ontologischen Vorarbeit zu einer Ethik mitmenschlichen Eingebundenseins ein, welches dem Individuum eine über den Tod hinaus fortdauernde Existenz in der Gemeinschaft zusichert. Auf diese Existenz hin >existiert sich<[53] der Mensch als bewusstes Sein und von der Sorge um diese Existenz her ringt er um seine Selbstachtung als ihm seitens der Anderen der individuellen Freiheit gemäß zuerkannte Achtung, denn diese Freiheit sieht Sartre auf dem Spiel stehen. „Als Bewusstsein ist der Andere (für das Individuum) das, was (diesem sein) Sein gestohlen hat und zugleich das, was macht, dass es ein Sein »gibt«, das (dieses Individuums) Sein ist".[(Vgl.SN638)] Das Individuum, so Sartre, „ist für sein Sein verantwortlich". Dieser Verantwortung gemäß will es das ihm vom Anderen im Erblicktwerden gestohlene, das heißt fixierte, Sein zurückgewinnen, um es dem eigenen zu erfüllenden Entwurf gemäß fortexistieren zu können.[(Vgl.SN639)] Im Blick des Anderen findet der Erblickte sich derjenige sein, der er für den Anderen ist. Solange der Mensch lebt, kann er immer wieder trachten, dieses durch den Anderen zuerkannte Widerspiegeln seines bewussten Seins zu korrigieren. Er kann noch auf die Erfüllung seines Seinsentwurfes hin existieren, indem er sich dem fixierenden Erblicktwordensein stets erneut entwendet, weil er sein wird, der er noch nicht ist. Erst im Tod geht die Verantwortlichkeit für das individuelle Sein an den Anderen über, sofern dieser die Existenz des Toten als die Existenz eines seiner Toten durch einen auch bei Assmann beschriebenen „Akt der Belebung"[54] in sein Fortexistieren mitnimmt.

Selbst diese, vom überlebenden Anderen getragene Verantwortlichkeit für das Fortexistieren des einzelnen, als Für-sich-sein im Tode abgeschlossenen Seins, steht zeitlebens allein in des Individuums eigener Verantwortlichkeit, welche Sartre als „das logische Übernehmen der Konsequenzen unserer Freiheit" definiert.[(SN951)] Er schreibt: Zeitlebens ist der Tod zwar „eine jederzeit mögliche Nichtung meiner Möglichkeiten, die außerhalb meiner Möglichkeiten liegt". Zugleich

[53] Sartre verwendet das Verb >existieren< grundsätzlich auch transitiv.

[54] Vgl. As/33, auch Teil I/2g), S.47 der vorliegenden Abhandlung

aber ist die „menschliche Realität[55] sich selbst zukünftig. ... Sie (erwartet) Bestätigung von dieser Zukunft. ... Als Zukunft ist das Zukünftige nämlich Vorzeichnung einer Gegenwart, die sein wird; man vertraut sich dieser Gegenwart an, die als Gegenwart allein die vorgezeichnete Bedeutung, die ich bin, bestätigen oder nicht bestätigen können muss“.[(Vgl.SN923)] Der Mensch ist also demzufolge zeitlebens für sein >Sein-für-den-Andern< — und zwar auch über den eigenen Tod hinaus — verantwortlich. „An der Grenze, in dem infinitesimalen Augenblick (seines) Todes, (wird er) nur noch (seine) Vergangenheit sein. Sie allein wird (ihn) dann definieren.“[(SN229)] Der Tod beraubt ihn gegenüber der Sichtweise des überlebenden Anderen nämlich jeglicher Widerlegungschance. „Der Tod ... ist Triumph des Gesichtspunktes Anderer über den Gesichtspunkt mir gegenüber, der ich bin.“[(SN929)] Insofern tritt der Andere hinsichtlich der je zuerkannten In-Blick-Nahme >seines Toten< für dessen Fortexistieren in die Verantwortung ein.

Für Sartre ist „die Beziehung zu den Toten — zu allen Toten — eine Wesensstruktur der grundlegenden Beziehung, die (er) »Für-Andere-sein« (nennt). Bei seinem Auftauchen zum Sein (müsse) das Für-sich Stellung nehmen gegenüber den Toten.“[(SN931)] Er hält für möglich, „eine Person durch ihre Toten zu definieren“. Diese Möglichkeit mag das Sich-Berufen auf Autoren, auf Urheber und Vertreter philosophischer, wie überhaupt wissenschaftlicher Denk- und Lehrgebäude, wie auch etwa das schlichte Verweisen auf Aussagen nahestehender Verstorbener einbeziehen. Sartres Auffassung zufolge „wählen die Toten uns, aber zunächst müssen wir sie gewählt haben“. Das heißt, >unsere Toten< gehören zur Faktizität unseres Seins. Zwischen dieser Faktizität und der Freiheit besteht der ursprüngliche Bezug der Wahl; „wir wählen unsere Haltung zu den Toten, aber es ist unmöglich dass wir keine wählen“. Sartre räumt die Möglichkeit ein, „die Toten (aus Gleichgültigkeit) »wieder sterben« zu lassen“. Das sei „eine unter anderen Verhaltensweisen ihnen gegenüber“. So sieht er „das Für-sich eben durch seine Faktizität in eine volle »Verantwortlichkeit« den Toten gegenüber geworfen; es (sei) gezwungen, frei über ihr Los zu entscheiden“.[(SN932)] Jene Faktizität konstituiert sich als im Handeln auf seine Erfüllung hin zu existierender und folglich lebenszeitlich verfasster Entwurf der Verstorbenen, welche erst im Tode zur abgeschlossenen Vergangenheit erstarrt. Das heißt nach Sartre jedoch keineswegs, dass der Tod die Grenzen unserer Freiheit ziehe. Er impliziere nicht den Verzicht auf die Möglichkeit, „unserem Sein frei eine Bedeutung zu geben“.[(Vgl.SN937f)] Sartre führt aus: „Mein Für-Andere-sein ist ein reales Sein, und wenn es in den Händen der Anderen bleibt, wie ein Mantel, den ich ihnen nach meinem Verschwinden überlasse, so als reale Dimension meines Seins. ... Der Tod verleiht ... allem, was ich als Subjektivität erlebe, einen Sinn von draußen her.[(SN935)] ... Wenn sich uns der Tod in einem gewissen Maß als die Metamorphose der besonderen Bedeutungen enthüllen kann, die meine Bedeutungen sind, dann wegen der Tatsache der Existenz eines bedeutenden andern, der die Ablösung der Bedeutungen und Zeichen sichert.“[(SN937)] Hier deutet sich — schon allein vom Begriff >Metamorphose< her — bereits nachdrücklich an, in welchem Zusammenhang Sartre dem

[55] Sartres Begriff >die menschliche Realität< lässt sich weitgehend als das seines (der Unvollkommenheit abzuringenden) Entwurfcharakters bewusste Sein des menschlichen Existierens begreifen. (Vgl.SN181ff,passim)

Menschen hinsichtlich der Art und Weise seines Verhaltens und Handelns einen über den Tod hinausweisenden Sinnhorizont eröffnet.[56]
Er verlangt, „die beiden gewöhnlich miteinander verbundenen Ideen von Tod und Endlichkeit radikal auseinander (zu) halten.“ Der Tod sei „ein kontingentes Faktum, ... die Endlichkeit (jedoch) eine ontologische Struktur des Für-sich, von der die Freiheit bestimmt (werde). ... Die menschliche Realität bliebe endlich, auch wenn sie unsterblich wäre.“(Vgl.SN938) Das heißt, die Endlichkeit entspricht der Unumkehrbarkeit der Zeitlichkeit menschlichen Existierens, da ja jede jeweilige Wahl nur nach einer vorgängigen >Nichtung< erfolgen kann. Jedweder etwa vollzogenen >Nichtung< bleibt ihrerseits die zu >nichten< gewesene Sichtweise des Anderen angesichts einer bestimmten Situation, oder auch die eigene zu modifizieren gewesene Wahl vorgängig. Diese Zeitlichkeit erweist nach Sartres Darstellung den Tod als »zwischendurch« eintretendes Ereignis. Die „menschliche Realität (entdecke), indem sie sich ihre eigene Endlichkeit (enthülle), deswegen noch nicht ihre Sterblichkeit“. Die Sterblichkeit gehört Sartre zufolge nicht zur ontologischen Struktur des für sich selbst existierenden Seins, wohl aber zur ontologischen Struktur des Andern in seinem Sein. Daraus folgt, als Anderer ist der Mensch sterblich. Sartre konstatiert, der Tod sei „ein gewisser Aspekt der Faktizität und des Seins für Andere.“(vgl.SN939) Er begreift den Tod als „eine permanente Grenze (seiner) Entwürfe, (die) als solche ... übernommen werden (müsse). ... *Sterblich* (stelle) das gegenwärtige Sein dar, das (er) für Andere (sei); *tot* (stelle) den künftigen Sinn (seines) aktuellen Für-sich für den andern dar. ... So (sei) der Tod Situation-als-Grenze, als gewählte und entfliehende Kehrseite (seiner) Wahl.“ Er suche ihn „sogar innerhalb jedes (seiner) Entwürfe als deren unumgängliche Kehrseite heim“.(SN940) Der Tod sei nur ein anderweitiges Schicksal der eigenen Entwürfe. Während der als nicht realisierbar zu begreifende Tod den eigenen Entwürfen entgehe, entgehe er selbst dem Tod in seinem (Sartres) Entwurf selbst.(Vgl.SN941) Dieser freie Entwurf jedoch, „das was man Temperament oder Charakter einer Person nennt“,(SN947) betrifft die Gestaltung der Existenz im Verhalten und Handeln als „Seinsweise“(SN942) des Menschen, der diese Existenz von den Anderen, als Überlebenden, über den eigenen Tod hinaus bewahrt wissen will und das — Sartres Darlegungen gemäß — auch darf. Sartre will seine atheistisch-existenzialistische Ontologie nicht als Ethik aufgefasst wissen.(SN996) Wohl aber lasse die Ontologie „ahnen, was eine Ethik sein (könne), die ihre Verantwortlichkeiten gegenüber einer menschlichen Realität in Situation (übernehme)“.(SN1068) Dieser in seiner Ontologie zu erahnenden Ethik schreibt Sartre eine subtile Begründung in der Selbstachtung des Menschen ein, die er über den Tod hinaus von den Anderen anerkannt finden zu dürfen trachtet.
In Abgrenzung zur empirischen Psychoanalyse Freuds verfasst Sartre seine, Freuds Auffassungen gleichwohl teilweise nicht unerheblich verpflichtete >existenzielle Psychoanalyse<, mit deren Hilfe er den tiefen universellen Sinn aufzudecken gedenkt, vermittels dessen „das Für-sich ... macht, dass eine menschli-

[56] Der eklatante Unterschied zu Kants Konzept besteht darin, dass bei Sartre allein dem Menschen selbst als Anderem die Würdigung der individuellen Existenz als deren Mitnahme in die Zukunft anheimgegeben bleibt.

che Realität als Spezies existiert.“[Vgl.SN945f] „So ist die existenzielle Psychoanalyse eine moralische Beschreibung, denn sie liefert uns den ethischen Sinn der verschiedenen menschlichen Entwürfe; sie zeigt uns die Notwendigkeit, auf die Psychologie des Eigennutzes zu verzichten, wie auf jede utilitaristische Interpretation des menschlichen Verhaltens, indem sie uns die *ideale* Bedeutung aller Haltungen des Menschen enthüllt.“ [SN1069] Sartre fördert in seiner existenziellen Psychoanalyse zu Tage, dass der Mensch als Lebewesen seine empirische Existenz auf eine Vollkommenheit hin zu überschreiten trachte, die impliziere, „dass der Mensch das Sein (sei), das (entwerfe), Gott zu sein“. Der Mensch sei „grundlegend Begierde, Gott zu sein“. Nichtsdestoweniger konstituiere sich der Sinn dieser existenziellen Begierde nicht durch sich selbst, sondern diese Begierde sei „immer eine besondere Erfindung ihrer Zwecke“, die von der spezifischen empirischen Situation des Menschen her verfolgt werden.[Vgl.SN972] >Die Begierde, Gott zu sein< verweist einmal mehr auf die Grundlegung des ontologischen Gottesbeweises bei Descartes.[SN190] In jener Selbstüberschreitung der ihrer selbst bewusst gewordenen schieren Existenz, als „Anwesenheit bei der Welt“, auf eine bewusste, nach eigenem Entwurf gestaltete Existenz hin, findet Sartre die totale Verantwortlichkeit des Bewusstseins[SN181] begründet und dem Menschen als >Freiheit< aus dem >Nichts<, worauf er sich etwa berufen könnte, auferlegt. Im Begriff des >Nichts< sucht Sartre zu erfassen, dass der Mensch einerseits in seinem eigenen schieren Geboren-worden-sein nichts begründen kann, weil er sich in dieser Hinsicht als kontingentes Faktum begreifen muss. Aus dem >Sich-selbst-als-kontingentes-Faktum-Begreifen< sieht Sartre andererseits eine >Nichtung< im Sinne der Selbstverneinung als derart blanke kontingente Existenz aufkommen, welche den Menschen >dazu verurteilt<, frei, also hinsichtlich seiner bewussten Existenz total auf sich selbst verwiesen zu sein.[SN253,passim,979f] In diesem Sinne ist Sartres >Nichts< die >Freiheit< des Menschen, für sein bewusstes — und insofern zu leistendes — Existieren verantwortlich sein zu müssen, obgleich er hierfür in seinem schlichten Geboren-worden-sein keinen Halt findet. Die Selbstverneinung des seiner selbst bewusst gewordenen >Seins-an-sich< zu Gunsten des Seins des Menschen >Für-sich< — im Sinne des Bildes, das er sich von sich selbst widerspiegelt — betrachtet Sartre als permanentes Agens der ihrer selbst bewusst zu leistenden Existenz des Menschen. Diese Leistung erfolgt nach Sartres Auffassung zur Rechtfertigung der eigenen Existenz angesichts des Erblicktwerdens durch den Anderen. Der Mensch erbringt sein Existieren als Leistung seinem Selbstentwurf gemäß, den er vermittels seiner >Autonomie der Wahl<[SN836] in konkreten Situationen zu erfüllen trachtet. Nicht wählbar bleibt aus Sartres Sicht allein die Faktizität des Geboren-worden-seins. Was man etwa die genetisch und kulturell ermöglichte Konstitution der Person nennen könnte, erfolgt demgemäß als Wahl der Art und Weise, die somit faktisch lediglich ermöglichte sogenannte Disposition des Individuums im bewussten Entwurf der eigenen Existenz zu gestalten.

Hinsichtlich des Erblicktwerdens hat das Sein-Für-sich also den Charakter des Für-sich-für-andere, „es trifft sich ... dass unser Sein in Verbindung mit seinem Für-sich-sein auch für Andere ist; das heißt, das Sein, das sich dem reflexiven Bewusstsein enthüllt, ist Für-sich für Andere“.(SN506) Die Rechtfertigung in der geleisteten Existenz bleibt folglich auf Anerkennung seitens der Anderen angewiesen. Hier wird bei Sartre die atheistisch-ontologische Modifikation der Sozialverhaltenskompetenz deutlich sichtbar, welche als wesentliche Komponente der ursprünglichen Religionsbildung deren ethische Dimension ausmacht. Der Mensch ‚sieht' sich selbst zugleich aus der eigenen Sicht und in der für ihn sichtbaren Sichtweise der Anderen. „Der Andere ist der unentbehrliche Vermittler zwischen mir und mir selbst: ich schäme mich meiner, wie ich Anderen erscheine. ... Die Scham ist ihrer Natur nach Anerkennung. Ich erkenne an, dass ich *bin*, wie Andere mich sehen“.(SN406) „Der Andere hat mich nach einem neuen Seinstypus konstituiert ..., gleichzeitig benötige ich Andere, um alle Strukturen meines Seins voll erfassen zu können; das Für-sich verweist auf das Für-Andere“.(SN407)

In dieser angesichts des existenziellen Mit-Anderen-Seins komplizierten Bewusstseinsstruktur spürt Sartre jene Fähigkeit des Menschen zur Selbsttäuschung auf, die dem Bedürfnis, etwas glauben zu dürfen entspricht, dessen der Mensch um seiner Befindlichkeit willen bedarf. Bei Kant findet sich die religionsbildnerische Fähigkeit der Selbsttäuschung in den Rang der reinen praktischen Vernunft erhoben. Sartre bringt diese Strategie zur Unterschlagung unbequemer Einsichten auf den ungeschönten Begriff >mauvaise fois<.[57] Er erkennt und definiert „die Unaufrichtigkeit (als) ein Selbstbelügen“.(SN120) „Ich kann ja einen bestimmten Aspekt meines Seins nur dann ‚nicht sehen' wollen, wenn ich über den Aspekt, den ich nicht sehen will, genau im Bilde bin“.(SN115) „Die Unaufrichtigkeit impliziert ... ihrem Wesen nach die Einheit eines Bewusstseins. ... Das bedeutet, dass ich als Täuschender die Wahrheit kennen muss, die mir als Getäuschtem verborgen ist.“*(SN123)* „Das wesentliche Problem der Unaufrichtigkeit ist ein Glaubensproblem. Wie kann man unaufrichtig an Begriffe glauben, die man ausdrücklich ersinnt, um sich zu überzeugen? Der ursprüngliche Entwurf der Unaufrichtigkeit ist eine unaufrichtige Entscheidung über die Natur des Glaubens.“(SN154f) Unter dem Aspekt des in der vorliegenden Abhandlung verfolgten Anliegens kommt dieser Darlegung der selbsttäuschenden Bewusstseinsstruktur insofern Beachtung zu, als sie die Entsprechung zu glaubensapologetischen Widersprüchlichkeiten, insbesondere zu denjenigen Kants, erkennen lässt. Das heißt, auch in Sartres atheistischer Ontologie findet sich jene glaubensspezifische Denkfigur der anthropologischen Invariante, Religionen zu bilden, als Bewusstseinstruktur bestätigt.

Im Spannungsfeld aus eigenem Entwurf und Erblicktwerden findet Sartre die existenzielle Angst des Menschen aufbrechen, seinen Entwurf nicht erfüllen zu können. Hier hat nämlich auch die >Wahl< ausgetragen und ausgehalten zu werden, die sich als Versagen angesichts des eigenen Existenzentwurfes herausstellen könnte. Dieses Spannungsfeld lässt sich als Austragungsraum

---

[57] Sartres Verwendung dieses auch als >Unredlichkeit< übersetzten Begriffes lässt eher an >Selbsttäuschung< denken.

dessen begreifen, was Sartre als Situation auffasst. Er schreibt: „Diese Situation spiegelt mir zugleich meine Faktizität und meine Freiheit; anlässlich einer bestimmten objektiven Struktur der mich umgebenden Welt weist sie mir meine Freiheit in Form von frei zu erledigenden Aufgaben zu; es gibt da keinerlei Zwang, weil meine Freiheit an meinen Möglichkeiten nagt und die Potentialitäten der Welt sich korrelativ dazu lediglich anzeigen und anbieten“.(SN469) Der fehlende Zwang deutet an, auf jeden Determinismus verzichten zu müssen, den Sartre als >Zufluchtsglauben<, das heißt auch, als >psychologische Grundlage aller Entschuldigungsverhalten<, als „ideales Ziel, zu dem wir vor der Angst fliehen können“, bezeichnet und ablehnt.(Vgl.SN110)
Die Situation, wie Sartre sie auffasst, erweist sich als umso prekärer, als demnach der Mensch in seiner „menschlichen Realität das ist, wodurch der Wert in die Welt kommt“. Zudem konstatiert Sartre: „der Sinn des Wertes ist, das zu sein, woraufhin ein Sein sein Sein überschreitet“.(Vgl.SN195ff) Das heißt, Handeln erfolgt als jeweils bewertbares, weil bewusstes menschliches Existieren. „So kann das reflexive Bewusstsein eigentlich moralisches Handeln genannt werden, da es nicht auftauchen kann, ohne zugleich die Werte zu enthüllen.“(SN199) Im Rahmen einer gewissermaßen >alltäglichen Moralität<, die durch die >Forderungsstruktur der Welt<(SN103) mit ihren Gehorsamsansprüchen und Tabus aufgerufen wird, findet Sartre „die ethische Angst“ ausgeschlossen. Diese trete jedoch hervor, wenn der Mensch sich in seinem „ursprünglichen Bezug zu den Werten betrachte“. Der Wert existiere nur, sofern der Mensch ihn anerkenne. Hinsichtlich dieser durch ihn selbst nicht zu rechtfertigenden Wertsetzung erfasse den Menschen die ethische Angst, „die unbegründete Begründung der Werte zu sein“.(Vgl.SN106f) Diese ethische Angst ist als signifikantes Implikat der existenziellen Angst zu begreifen, wie sie in der Existenzialphilosophie erfasst wird. Sartre veranschaulicht die existenzielle Angst anhand einer Wanderung am Rande des Abgrundes.
Die hier aufbrechende Angst gilt der uneingeschränkten Möglichkeit, angesichts einer bedrohlichen Dimension vor dem Entwurf der eigenen Existenz zu versagen und den Sturz zu wählen.(Vgl.SN94ff) In dieser Situation stellt sich für Sartre der Determinismus als ein >Zufluchtsglaube< dar, der den Menschen aus seiner bedrängenden Freiheit, wählen zu müssen, erlösen könnte.(Vgl.SN110f)
Die als Wahrnehmen der Gefährdung am Rande des Abgrundes veranschaulichte existenzielle Angst lässt sich als >Angst vor der Zukunft<(SN97) begreifen. Diese impliziert schon mit der Beispielwahl die fundamentale Angst vor dem Tod und dem darin drohenden Erlöschen der bewussten Existenz, um deren in der Anerkennung durch die Anderen gewährleistetes Fortbestehn es dem modernen Erkenntnissubjekt sehr wesentlich geht. Nach Sartres Auffassung manifestiert sich die existenzielle Angst des Menschen „in ihrer wesentlichen Struktur als (spezifisches) Freiheitsbewusstsein“.(SN99)
Im Spannungsfeld der >Situation< tritt sie als ethische Angst auf, mit der Anerkennung durch die Anderen auch die existenzielle Geborgenheit als Fortexistenz über den Tod hinaus zu verfehlen. Sartres in seiner Ontologie >zu erahnender< Begründungsansatz geht über jede bloße Reziprozität hinaus. In seinem Konzept des Blickes als Erblicktwerden finden sich zunächst deutliche

Momente einer Scham-Kultur. Die eigentlich implizierte Begründung lässt sogar, selbst unter der Absage an „die Psychologie des Eigennutzes“, auf äußerst subtile Weise Anklänge epikureischer Selbstsorge mitschwingen. Hier wird nämlich das aller Wahrscheinlichkeit nach in der vorkulturellen Gruppenbindung phylogenetisch fundierte und archaisch modifizierte Gemeinschaftsbedürfnis zum Verlangen, um der Art und Weise der eigenen Existenzgestaltung willen von den Anderen über den Tod hinaus Anerkennung und Geborgenheit als gewährleistet annehmen zu können. Sartres existenzialistische Philosophie bietet für die Problematik einer nicht egozentrischen und dennoch in Befriedigung existenzieller Selbstsorge zu sichernden Begründung ethischer Konzepte eine Lösung an, welche antike Formen atheistischer Philosophien für den modernen Menschen fruchtbar macht.

Bei Sartre haben sich also die zunächst in den glaubensapologetisch philosophischen Auseinandersetzungen zwischen Erkenntnisstreben und Glaubensbedürfnis aufgewiesenen religionsbildnerischen Denkstrukturen in ihrer atheistisch-existenzphilosophischen Modifikation kenntlich machen lassen. Sartre knüpft explizit bei Descartes und dessen ontologischem >Gottesbeweis< an, um die Selbstüberschreitung des hinsichtlich seiner empirischen Existenz seiner selbst bewussten Erkenntnisvermögens auf eine vollkommenere Existenz hin darzulegen, welche der kontingenten Faktizität einen über diese hinausweisenden Sinn zu verleihen haben sollte. Sartre erkennt des Menschen >Begierde, Gott zu sein<, weist ihrem Sinn jedoch zu, >Erfindung< im Dienste ethischer Zwecke zu sein. Damit tritt auch bei Sartre die zweite Komponente der religionsbildnerischen anthropologischen Invariante zu Tage, welche als religionsapologetische Sozialkompetenz zumal bei Spinoza und Kant gegenwärtig ist. Darüber hinaus erkennt Sartre im Phänomen des >mauvaise fois< die spezifisch religionsbildnerische Denkstruktur der Beschwichtigung des jeweils allzu erfolgreich auf das Erkenntnissubjekt selbst ausgerichteten Erkenntnisstrebens durch eine selbsttäuschende und emotional entlastende Beschwichtigungsstrategie.

Nach allem, was in der vorliegenden Studie an Befunden, Beobachtungen und Anzeichen zusammengetragen werden konnte, scheint es nicht unplausibel zu sein, das primäre Aufkommen der religionsbildnerischen Komponenten menschlicher Denk- und Bewusstseinsstruktur an der Schwelle zwischen Phylogenese und Ontogenesen zu vermuten, also als >Grundausstattung< des archaischen Menschen als Homo sapiens sapiens anzunehmen. In dieser >Situation< sind aller Wahrscheinlichkeit nach drei, vom Antizipationsvermögen, wie es im ersten Abhandlungsteil eingehend beschrieben wird, ausgehende Fundierungen zusammengetroffen. Dieses dem Anschein zufolge primär unter Selektionsdruck entwickelte antizipative Erfassen erwartbarer Umweltgegebenheiten hat sich höchstwahrscheinlich von der Außenbeobachtung nach innen gekehrt, das heißt auf das Beobachtungssubjekt selbst gerichtet und so die Antizipation des eigenen Sterbens als Verlust der Gruppenbindung und in

Kollision mit dem Überlebenstrieb eine Stresseskalation heraufbeschworen. Der archaische Mensch wird also vermutlich im begriffenen Wissen um seinen künftigen Tod seine Entwicklung zum Erkenntnissubjekt eingeleitet haben. Das selbstbezügliche Erkenntnisstreben dürfte zur Todesangst eskaliert sein. Deren Stresspotential wird höchstwahrscheinlich mit Hilfe der archaischen Traumproduktion eine Beschwichtigungsstrategie im Gehirn abgerufen haben, welche dank der zeitgleich herausgebildeten Sprachfähigkeit letztlich das Überleben der Spezies zu sichern vermochte. Somit bietet sich das phylogenetisch angelegte Antizipationsvermögen als Grundlage erstens des Erkenntnisstrebens, sowie zweitens der Fähigkeit, sich als das zu denken, was man noch nicht ist, als auch drittens der Sozialverhaltenskompetenz zur Gewährleistung der Geborgenheit in der Gemeinschaft an und stellt so insgesamt den Ursprung der anthropologischen Invariante, Religionen zu bilden — und Ethiken zu konzipieren — dar.

Resümee

In der hier vorliegenden Abhandlung sollte eine weitestgehend plausible naturalistische Erklärung zur Genese der anthropologischen Invariante, Religionen zu bilden, erkennbar werden. Der zu beobachtenden Vielfalt kulturspezifischer Religionen liegt offenbar eine Invarianz zu Grunde, welche vermuten lässt, dass diese vorkulturell, das heißt phylogenetisch verankert zu sein scheint. Das würde zum einen die weltweite Verbreitung der Religionsbildung erklären. Darüber hinaus ließe sich von daher zum anderen die bezüglich ihrer Durchsetzungskraft allem Anschein nach dem biologischen Imperativ der Überlebenssicherung vergleichbare Rigidität religionsbildnerischer Denkstrategien gegenüber deren intellektuell ganz offenkundiger Fragwürdigkeit begreifen. Dabei kann die Vielfalt der herausgebildeten Religionen als weitreichendes Indiz für die Relevanz modifizierender Prägung religionsbildnerischer Denkstrukturen in jeweils kulturspezifisch erfolgten Ontogenesen des Gehirns aufgefasst werden, wohingegen deren ganz offenkundige Gemeinsamkeiten auf die jeweils ontogeneseneutrale, und somit auf eine phylogenetische Komponente der Religionsbildung verweist. Von diesen Vorüberlegungen ausgehend hat sich eine wahrscheinliche naturalistische Erklärung der Religionsbildung im Zusammenhang mit dem Übergang der Entwicklung des Menschen aus der Stammesgeschichte in die Kulturgeschichte, das heißt an der Schwelle zwischen Phylogenese und Ontogenesen erwarten und in der Abhandlung als wohl durchaus naheliegend herausarbeiten lassen.

In diesem Schwellenbereich dürfte sich für das Gehirn des Menschen jene in der Studie anhand paläanthropologischer, wie auch neurowissenschaftlicher Befunde und Überlegungen beschriebene Konstellation ergeben haben, die um ihrer prekären Überlebensrelevanz willen die Herausbildung einer neuen neuronalen Strategie erzwungen haben muss. Wie in der Studie ferner gezeigt werden konnte, ergab sich diese Konstellation höchstwahrscheinlich durch das phylogenetisch erworbene und selektiv zunehmend effizienter werdende Antizipationsvermögen, welches, vermutlich von der zunächst überlebenssichernden Umweltbeobachtung auf das Beobachtungssubjekt selbst gewendet, aus der Antizipation des eigenen Sterbens zu einem für die Spezies katastrophalen Konflikt zwischen Todesangst und rigorosem Überlebenstrieb eskalierte. Die unter dem Aspekt moderner Stressforschung aller Wahrscheinlichkeit nach im archaischen Gehirn zur Bewältigung der resultierenden überlebensbedrohlichen Dauerstressbelastung entwickelte Strategie darf, nach allem was in der Studie an Indizien zusammengetragen werden konnte, wohl sogar als Ursprung jeglicher Kultur und somit aller Religionen aufgefasst werden. Sie führte allem Anschein nach mit Hilfe der Traumproduktion, wie anhand geistesgeschichtlicher, psychoanalytischer, wie auch sozial- und kulturanthropologischer Hinweise herausgearbeitet werden konnte, zum Totenkult. Dieser scheint angesichts einer zunehmend als bedrohlich wahrgenommenen Umwelt religionsbildnerisch fortlaufend und somit zur Kulturentfaltung, wie sie sich weltweit ereignet hat und ereignet, weiterentwickelt worden zu sein. Die fortbestehende Wirkungskraft der ursprünglichen Todesangstbewältigung resultiert, wofür in der Studie gewichtige Indizien beigebracht werden konnten, sehr wesentlich aus der aller Wahrscheinlichkeit nach ebenfalls im Zusammenhang mit der Reaktion auf die oben eingehend dargestellte Dauerstressbelastung herausgebildeten verbalen Sprache, die sich als Voraussetzung einer zunächst mitteilsam todesangstentlastenden und fortan primär kulturtragenden Kommunikation erwiesen hat. Ein starkes Indiz für das Zusammenfallen von archaischem Spracherwerb und initialen Kultformen als Ursprung der Religionsbildung ergibt sich aus der im Kontinuum der Ontogenesen sich tradierenden Vielfalt der Sprachen und Religionen. Deren entwicklungsgeschichtliche Gleichursprünglichkeit dürfte dem Denken jener Autoren evident gewesen sein, welchen sich die vielzitierte Formel verdankt, der zufolge im Anfang das Wort und dieses bei >Gott< gewesen sei.

Die für dieses komplexe Kulturentwicklungsgeschehen und insbesondere für die Strategie primärer Todesangstentlastung angenommene Relevanz der archaischen Traumproduktion konnte in der Studie anhand gesammelter Indizien bekräftigt werden. Es hat sich als nicht unplausibel herausgestellt, die offenbar mit dem Herausbilden einer verbalen Sprache eröffnete Möglichkeit einer effizienten Kommunikation der todesangstentlastenden Traumbegegnungen als entscheidenden Hinweis darauf zu begreifen, dass sich in diesem spezifischen Zusammenwirken von Traumproduktion und aufkommender Sprachbefähigung die entscheidende Grundvoraussetzung jeglicher Religionsbildung ergeben haben dürfte.

Die bis in die Gegenwart fortbestehende Durchsetzungskraft dieser Religionsbildung hat sich bei einer unter diesem Aspekt aufspürenden Lektüre einiger in der Studie betrachteter Schriften als ein weiteres Indiz für die Richtigkeit der hier vertretenen naturalistischen Erklärung jeglicher Religionsbildung aufzeigen lassen. In allen hier betrachteten Ausführungen tritt die Durch-

setzungskraft dieser Religionsbildung offenbar als nachhaltige Strategie zur denkerischen Bewältigung existenzieller Selbst- und Welt-Verständniskrisen in Erscheinung.
In den Glaubensapologetischen Schriften Descartes' und Kants lässt sich die Durchsetzungskraft der Religionsbildung als Überlistung der intellektuellen Fragwürdigkeit jener Glaubensgrundlage >Gott< erkennen. Beide Strategien dürften sich, wie alle tradierten >Gottesbeweise<, als Reaktion auf eine existenziell als prekär erlebte Konfrontation von Erkenntnisklarheit und Glaubensbedürfnis im Denken des jeweiligen Philosophen und seiner Zeit erklären lassen. Spinoza findet sich aller Wahrscheinlichkeit nach durch seine Einsicht in die Unhaltbarkeit anthropomorpher Gottesvorstellungen zur Naturalisierung des auch für ihn zweifellos existierenden >Gottes< veranlasst. Mit dieser Denkfigur scheint er sogar die für Frühphasen der Religionsbildung als wahrscheinlich ubiquitär aufgezeigte Vergöttlichung herausragender Naturphänomene in modifizierter Form zu erneuern. In gewisser Weise bewahrt Spinoza dennoch dank seiner psychologischen Kompetenz auch als Glaubensapologet seine intellektuelle Redlichkeit
Hinsichtlich der im wesentlichen mit Kierkegaards Denken einsetzenden Existenzialphilosophie sind die ihrer jeweils spezifischen Ausprägung und religionsbildnerischen Durchsetzungskraft zu Grunde liegenden individuell und epochetypisch existenziellen Krisen aus den Biographien der einzelnen, diesem Denken verpflichteten Philosophen erschließbar. Erst mit der Modifikation des religionsbildnerischen Potentials in religiös indifferenten[58] und strikt atheistischen Existenzphilosophien erfolgt eine Erkenntnis des für die Durchsetzungskraft der Religionsbildung wesentlichen Charakters der hierbei wirksamen Selbst-Täuschung. Bei Heidegger bleibt diese Erkenntnis noch Implikat der existenziell prekären Spannung des >Daseins< zwischen selbstverantwortlichem Selbst-Sein und Flucht in die Anonymität des >man<. Sartre macht diese Einsicht in den Selbstbeobachtungs- und Selbsttäuschungscharakter für seine ontologische Vorarbeit zu einer Ethik der Verantwortlichkeit des Menschen vor sich selbst und für sich selbst sowie zugleich vor dem Anderen und für den Anderen fruchtbar. Auf diese Weise modifiziert Sartre Heideggers an sich schon ethisch anspruchsvolles Konzept. Er macht dessen, das christologische Schuld-Sühne-Konstrukt überholenden und den Menschen als Einzelnen existenziell umfangenden >Verbindlichkeitszusammenhang< offenbar zur eigentlichen Grundlage seiner ontologisch anvisierten Ethik. Diese gilt der durch des Menschen selbstverantwortliches Handeln rechtfertigungsbedürftigen individuellen Existenz. Sartres Existenzialismus lässt erkennen, dass und wie die Durchsetzungskraft der Religionsbildung vermittels ihrer Komponente effektiv ausgeprägter Sozialverhaltenskompetenz für die Begründung einer modernen atheistischen Ethik fruchtbar gemacht werden kann.

[58] In zumindest eben diesem Sinne ist Heideggers >Fundamentalontologie< durchaus Existenzphilosophie.

Die resümierende Zurückweisung des Ansinnens, die Tatsache weltweiter Religionsbildung als Beweis für deren übernatürliche Dimension zu akzeptieren, verschärft die in dieser Abhandlung zunächst aufgenommene Frage nach einer naturalistischen Erklärung zur Frage nach der natürlichen Dimension der Religionsbildung. Diese Dimension jedoch resultiert ganz offenkundig aus der ethischen Relevanz dieses Kulturphänomens und konnte als ethische Dimension der Religionsbildung im zweiten Teil der Studie zunächst in den hier betrachteten glaubensapologetischen Schriften Descartes' Spinozas und Kants kenntlich gemacht werden.

Unter dem Doppelaspekt von Durchsetzungskraft und ethischer Dimension wurden schließlich zwei allgemein der atheistischen Existenzialphilosophie zugerechnete Schriften, nämlich Heideggers >Sein und Zeit< sowie Sartres >Das Sein und das Nichts< betrachtet. Hierbei hat sich zum einen die Modifikationsfähigkeit des religionsbildnerischen Potentials aufzeigen lassen. Zum anderen konnte die existenzialistische Philosophie als mögliches Gerüst einer modernen Ethik angedeutet werden.

Die anthropologische Invariante, Religionen zu bilden, erweist sich also allem Anschein nach als Implikat der Primärveranlagung des Menschen, Kulturen zu bilden. Über die in der vorliegenden Studie angesprochenen Bereiche hinaus gilt auch für den chinesischen Kulturraum die Annahme einer frühzeitlichen Religion als durch belegte Beerdigungsbräuche und Ahnenkult gesichert. Die Ahnenverehrung bleibt tragendes Element chinesischer Lebensführung. „Die Ahnen gehören zur Familie, und sie leben mit (ihr). Alle Dinge werden ihnen mitgeteilt.“[59] Im Zentrum des Konfuzianismus, der sich als säkularisierte Religion begreifen lassen dürfte, „steht ... die Tradition aller Güter und Werte von den Ahnen auf die Nachkommen“.[(Li/145)] Der Chinese führt sein Leben als fest eingebundenes Glied seiner Ahnen-und-Nachkommen-Kette. Ein weiteres Konzept über den Tod hinaus fortbestehender individueller Geborgenheit in einem umfassenden Ganzen findet sich in der „Grundthematik der chinesischen Philosophie“, welche der „Einheit von Himmel und Mensch“ gewidmet ist.[60] Der Konfuzianismus bringt bereits im Selbstverständnis seines Gründers die Sozialverhaltenskompetenz als wesentliche Komponente des religionsbildnerischen Potentials zum Ausdruck. „Konfuzius ... betrachtete ... seine Lehre nicht als Religion, die er ... im Vergleich zur gesellschaftlichen Verfassung für unwesentlich hielt“.[(Li/144f)]

Die Annahme einer gleichursprünglichen, religions-kulturbildnerischen Inhärenzrelation wertsetzender Selbstüberschreitung auf ein entworfenes Vollkommeneres hin wird insgesamt über die bisher in der vorliegenden Studie zusammengetragenen Indizien hinaus auch durch die deutlich religionsbildnerischen Merkmale generell weltanschaulich bestimmter >Bewegungen< gestützt. Diesen geistigen Aufbrüchen liegt — was in einer umfassenden Do-

---

[59] Vgl. Bernd Michael Linke; >Religionen im alten China< in: Derselbe. Hg. >Die Welt nach der Welt< Jenseitsmodelle in den Religionen Lembeck Frankfurt/M 1999 Sn. 137-172;>> Li/Sz., hier 141,157,167

[60] Vgl. Lutz Geldsetzer; >Grundlagen der chinesischen Philosophie Reclam Stuttgart. 1998 S.51 passim, sowie Shaoping Gan; >Die chinesische Philosophie< Primus Darmstadt 1997 S.26 ff passim

kumentation aufzuzeigen sein dürfte — deutlich die jeweilige Zurückweisung und Überschreitung einer faktisch gegebenen Weltkonstitution zu Gunsten einer Vision vom vollkommeneren Leben in dieser Welt zu Grunde. Das gilt offenbar für kämpferisch-revolutionäre wie gleichermaßen für friedfertig-humanitäre Entwürfe jeweiliger Welt- und Menschenbilder und lässt sich in Schriften zu Aufklärungen, seien sie >dialektisch< oder >epikureisch< verfasst, nachlesen. So lassen sich unter anderem auch die >Kernideale des Humanismus<[61] als Ausdruck einer Modifikation der religionsbildnerischen Invariante erkennen.

Der Aufklärung als Epoche zugerechnete Schriften zeigen ausnahmslos selbst in ihrer Religionskritik die Merkmale der zwiespältigen Denkstruktur religionsbildnerischer Prägung. Das gilt etwa für Fontenelle, der die Mythen als fiktionale Konstrukte beschreibt und sich „der wahren Religion, die bloß ein Werk Gottes" sei, als gewiss bezeugt,[(Vgl.Fn42/S.5)] wie auch für d'Holbach, der das Christentum „als das unförmige Produkt nahezu des gesamtem Aberglaubens der Alten" charakterisiert und eine öffentliche Erziehung fordert, welche lehre, „sich selbst zu achten, die Verachtung der anderen zu fürchten und die Ehrlosigkeit mehr als den Tod zu scheuen".[62] Dieser spezifische Gestus zeigt sich als unter den Enzyklopädisten allgegenwärtig, so etwa auch bei Diderot und Voltaire, für den „die Existenz Gottes ein unumstößliches Axiom (war), wie die Existenz einer auf Gott gegründeten Moral",[(Vgl.Fn63)] und, was in der vorliegenden Studie näher dargelegt werden konnte, bei Kant, dessen Anliegen sich in der Geburt einer Vernunftreligion aus dem Geiste einer religiös konzipierten, rigorosen Moralauffassung zu erkennen gibt. Zum anderen findet sich der entwerfend religionsbildnerische Gestus in gewissermaßen selbstverständlicher Weise sowohl in diversen Staatsutopien sogenannter >geschlossener Gesellschaften< von Platon bis zum geplanten >real existierenden Sozialismus<, wie auch etwa in Poppers weltanschaulichem Plädoyer für deren offenes Gegenmodell.[63] Jenem >real existierenden Sozialismus< hat übrigens Sartre abverlangt, „dem Menschen innerhalb des Marxismus wieder seinen Platz zurückzuerobern".[(WB155f)]

Das religionsbildnerische Potential unterhält zumal, wofür sich im ersten Teil der Studie Indizien aufgezeigt finden, kulturelle Gedächtnisse mitsamt ihren ethisch relevanten Implikaten. Sartre hat also gemäß seiner ethischen Modifikation dieses Potentials allem Anschein nach richtig erkannt, dass der Mensch als eingeborener Teilhaber kulturellen Gedächtnisses für seinen eigenen Entwurf einer bewusst gelebten Existenz als Mensch in spezifischer Weise vor sich selbst wie zumal angesichts der, das heißt auch, mit Rücksicht auf die Anderen einzustehen haben wird. Es gibt ganz offenbar darüber hinaus keine weitere Chance, den eigenen Tod lebendig zu überwinden.

---

[61] Vgl. Bernulf Kanitscheider; >Die Suche nach dem Sinn< Insel Frankfurt/Main und Leipzig 1995

[62] Vgl. d'Holbach, Paul Thiery; >Religionskritische Schriften< Aufbau-Verlag Berlin Weimar o.Jz. S.169; 19

[63] Vgl. Popper, Karl Raimund; >Die offene Gesellschaft und ihre Feinde< Francke Tübingen 1980

Anhang

Siglenverzeichnis

As	Assmann, Jan; >Das kulturelle Gedächtnis<
BW	Biemel, Walter; >Sartre< rororo Bildmonographie
Da	Damasio, Antonio; >Descartes' Irrtum<
EP	Evans-Pritchard, E.E.; >Theorien über primitive Religionen<
F	Freud, Sigmund; Werke Studienausgabe
FV	Freud, Sigmund; Vorlesungen
Hü	Hüther, Gerald; >Der Traum vom stressfreien Leben<
HW	Historisches Wörterbuch der Philosophie
KpV	Kant, Immanuel; >Kritik der praktischen Vernunft<
KrV	Kant, Immanuel; >Kritik der reinen Vernunft<
KSA	Nietzsche; Werke Studienausgabe
K/W	Kolb, Bryan und Whishaw, Ian Q.; >Neuropsychologie<
Mo	Moreau, Pierre-Francois; >Spinoza<
MS	Kant, Immanuel; Metaphysik der Sitten
PB	Pöppel, Ernst; >Grenzen des Bewusstseins<
PD	Dinzelbacher, Peter; >Angst im Mittelalter<
RD	René Descartes >Discours de la méthode<
RH	Hedrich, Reiner; >Erkenntnis und Gehirn<
Saf	Safranski; Rüdiger; >Heidegger und seine Zeit<
Schl	Nietzsche; Schlechta-Ausgabe Hanser München 1994
SE	Spinoza, >Die Ethik nach geometrischer Methode dargestellt<
SN	Sartre, Jean Paul; >Das Sein und das Nichts<
Stö	Störig, Hans Joachim; >Kleine Weltgeschichte der Philosophie<
SZ	Heidegger, Martin; >Sein und Zeit<
WB	Bartuschat, Wolfgang; >Baruch de Spinoza<
WBS	Wörterbuch der Symbolik

Anmerkungen zur Zitierweise in der hier vorliegenden Abhandlung:

„..." wird für das strenge Zitat verwendet.

>...< nimmt im Text verwendete und intertextuell geläufige Ausdrucksweisen auf.

Fettdruck kennzeichnet Hervorhebungen, auch in Zitaten, unter dem Aspekt der hier vorliegenden Abhandlung

"ß" wird in den Zitaten ggf. als "ss" wiedergegeben.

Literaturverzeichnis

Adorno, Theodor W. und Horkheimer, Max >Dialektik der Aufklärung<
Fischer Frankfurt 1987
Aristoteles; >Physik< Meiner Hamburg 1987
>Nikomachische Ethik< Reclam Stuttgart 1983
Assmann, Jan; >Das kulturelle Gedächtnis<, Beck München 1999
Bartuschat, Wolfgang; >Baruch de Spinoza< C. H. Beck München 1996
Bickerton, Derek; >Language & Species<
The University of Chicago Press London 1990
Bibel; Einheitsübersetzung Gesamtausgabe
Deutsche Bibelgesellschaft Stuttgart 1994
Biemel, Walter; >Sartre< rororo Bildmonographie
Rowohlt Reinbek/Hamburg 1998
Birnbacher, Dieter und Hoerster, Norbert; (Hrsg.) >Texte zur Ethik<
dtv München 1993
Brecht, Bertold; >Antigone des Sophokles<
Suhrkamp 1988
Buggle, Franz; >Denn sie wissen nicht, was sie glauben<
Rowohlt Reinbek bei Hamburg 1992
Cassirer, Ernst; >Kants Leben und Lehre<
Wissenschaftliche Buchgesellschaft Darmstadt 1975
>Rousseau, Kant, Goethe<
Meiner Hamburg 1991
Conen, Paul F.; >Die Zeittheorie des Aristoteles< Beck München 1964
Damasio, Antonio; >Descartes' Irrtum< dtv München 1999
Deleuze, Gilles; >Nietzsche und die Philosophie<
Europäische Verlagsanstalt Hamburg 1991
Descartes, René; >Discours de la méthode< Meiner Hamburg 1990
Deschner, Karlheinz; >Abermals krähte der Hahn<
btb Bertelsmann Gütersloh 1996
Dinzelbacher, Peter; >Angst im Mittelalter< Schöningh Paderborn 1996
Diogenes Laertius; >Leben und Meinungen berühmter Philosophen<
Meiner Hamburg 1990
Dührssen, Annemarie; >Ein Jahrhundert
psychoanalytische Bewegung in Deutschland<
Vandenhoeck & Ruprecht Göttingen 1994
Epikur in: Diogenes Laertius >Epikuros< Meiner Hamburg 1990
>Briefe Sprüche Werkfragmente<
Reclam Stuttgart 1993
sowie auch in: Laktanz; >De ira Dei<
Evans-Pritchard, E.E.; >Theorien über primitive Religionen<
Suhrkamp Frankfurt/M 1968

Fichte, Johann Gottlieb; >Die Bestimmung des Menschen<
Reclam Stuttgart 1997

Fischer, Hans; (Hrsg.) >Ethnologie< Reimer Berlin Hamburg 1998

Fontenelle, Bernard le Bovier de; >Geschichte der Orakel<
Gottscheds Übersetzung, Breitkopf Leipzig 1730

Frazer, James George; >Der goldene Zweig<
Rowohlt Reinbek bei Hamburg 1994

Frege, Gottlob; >Funktion, Begriff, Bedeutung<
Vandenhoeck & Ruprecht Göttingen 1986

Freud, Sigmund; >Die Traumdeutung<
>Totem und Tabu<
>Die Zukunft einer Illusion<
>Der Mann Moses<
Werke Studienausgabe Bände II, IX,
Fischer Frankfurt/M 1994

Freud, Sigmund; >Vorlesungen zur Einführung in die Psychoanalyse<
>Das Ich und das Es<
Fischer Frankfurt/M 1992

Gan, Shaoping; >Die chinesische Philosophie< Primus Darmstadt 1997

Geldsetzer, Lutz; >Grundlagen der chinesischen Philosophie<
Reclam Stuttgart. 1998

Glasenapp, Helmuth von; >Die Philosophie der Inder<
Kröner Stuttgart 1985

Goethe, Johann Wolfgang von; >Faust< in: Goethes Werke
Hamburger Ausgabe Beck München 1998

Habermas, Jürgen; >zu Fragen der philosophischen Anthropologie<
in: >Kultur und Kritik< Suhrkamp Frankfurt/M 1973

Hedrich, Reiner; >Erkenntnis und Gehirn< Schöningh Paderborn 1998

Hegel, Georg Wilhelm Friedrich; >Phänomenologie des Geistes<
Suhrkamp Frankfurt/M 1986

Heidegger, Martin; >Sein und Zeit< Niemeyer Tübingen 1986

Herder, Johann Gottfried; >Abhandlung über den Ursprung der Sprache<
Reclam Stuttgart 1989

Historisches Wörterbuch der Philosophie Band 10

Hochhuth, Rolf; >Die Berliner Antigone<
Reclam Stuttgart 1986

Hölderlin, Friedrich; >Sophokles Antigone< in: Werke in einem Band
Verlag Bergland-Buch Salzburg 1952

d' Holbach, Paul Thiry; >Religionskritische Schriften<
Aufbau-Verlag Berlin und Weimar ohne Jahreszahl

Hubel, David; >Auge und Gehirn< Spectrum Heidelberg

Hüther, Gerald; >Der Traum vom stressfreien Leben<
in Spectrum der Wissenschaft 3/99

Humboldt, Wilhelm von; >Schriften zur Sprache<
Reclam Stuttgart 1985
Jonas, Hans; >Das Prinzip Verantwortung<
Suhrkamp Frankfurt/M 1984
Kanitscheider; Bernulf; >Auf der Suche nach dem Sinn<
Insel Frankfurt/M 1995
Kant, Immanuel; >Kritik der praktischen Vernunft<,
>Kritik der reinen Vernunft<,
>Metaphysik der Sitten<
stw 55/56. Suhrkamp Frankfurt/M 1988/89
Keller, Rudi; >Sprachwandel< Franke Tübingen 1994
Kimmich, Dorothee; >Epikureische Aufklärungen<
Wissenschaftliche Buchgesellschaft Darmstadt 1993
Kolb, Bryan und Whishaw, Ian Q.; >Neuropsychologie< Spektrum
Akademischer Verlag Heidelberg 1996
Krämer, Sybille; (Hrsg.)>Geist – Gehirn – künstliche Intelligenz<
de Gruyter Berlin 1994
Kutschera, Franz von; >Sprachphilosophie< Fink München 1975
Lacan, Jacques; >Der Glanz Antigones<
in: Die Ethik der Psychoanalyse
Quadriga-Verlag Weinheim/Bergstraße 1996
Linke, Bernd Michael; (Hrsg.) >Die Welt nach der Welt<
Jenseitsmodelle in den Religionen
Lembeck Frankfurt/M 1999
Lurker, Manfred; Wörterbuch der Symbolik Kröner Stuttgart 1991
Metzinger, Thomas; >Subjekt und Selbstmodell< Schöningh Paderborn 1993
Meyers Taschenlexikon in 24 Bänden Mannheim Leipzig 1998
Moreau, Pierre-Francois; >Spinoza< Fischer Frankfurt/M 1994
Nietzsche, Friedrich; >Über .Wahrheit und Lüge im außermoralischen Sinne<
Werke Kritische Studienausgabe in 15 Bänden, Band I
de Gruyter Berlin 1988
>Menschliches Allzumenschliches< KSA Band II
>Die fröhliche Wissenschaft< KSA Band III
>Morgenröte< KSA Band III
>Jenseits von Gut und Böse< –
Zur Genealogie der Moral
KSA Band IV
Nachlass der 80er Jahre in Werke in drei Bänden
Schlechta-Ausgabe Hanser München 1994
Philosophisches Wörterbuch Kröner Stuttgart 1978
Pies, Eike; >Der Mordfall Descartes< Brockhaus Solingen 1996

Platon >Apologie des Sokrates<, >Kriton<, >Gorgias<
>Phaidon<, >Politeia<
in: Sämtliche Werke Bände 1 und 3
Rowohlt Hamburg 1957
Pöppel, Ernst; >Grenzen des Bewusstseins<
Deutsche Verlags-Anstalt Stuttgart 1988
Popper, Karl Raimund; >Die offene Gesellschaft und ihre Feinde<
Francke Tübingen 1980
Putnam, Hilary; >Realism with a Human Face <
Harvard Universtity 1992
Rösler, Wolfgang; >Polis und Tragödie<
Universitätsverlag Konstanz 1980
Ruben, Walter; >Beginn der Philosophie in Indien<
Akademie Verlag Berlin 1961
Russel, Bertrand; >Why I am not a Cristian< UNWIN London 1989
Safranski; Rüdiger; >Heidegger und seine Zeit< Fischer Frankfurt/M 1998
Sartre, Jean Paul; >Das Sein und das Nichts<
>Der Existenzialismus ist ein Humanismus<
Rowohlt Reinbek/Hamburg 1997 / 1994
Schmidt, Siegfried; (Hrsg.) >Gedächtnis<
Suhrkamp Frankfurt/M 1991
Singer, Wolf; >Hirnentwicklung und Umwelt<
in: Spectrum der Wissenschaft März 1985 Seiten 50-65
Soden, Wolfram von; (Hrsg.) >Das Gilgamesch-Epos< Reclam Stuttgart 1997
Sophokles; >Antigone< Reclam Stuttgart 1981
Spinoza, de, Baruch >Die Ethik nach geometrischer Methode dargestellt<
Meiner Hamburg. 1994
Steiner, George; >Die Antigonen< dtv München 1990
Steinvorth, Ulrich; >Klassische und moderne Ethik<
Rowohlt Reinbek bei Hamburg 1990
Störig, Hans Joachim; >Kleine Weltgeschichte der Philosophie<
Fischer Frankfurt/Main 1992
Tugendhat, Ernst; >Philosophische Aufsätze<
>Ethik und Politik<
Suhrkamp Frankfurt/M 1992
Wellmer, Albrecht; >Vernunftkritik nach Adorno<
Suhrkamp Frankfurt 1993
Wörterbuch der Symbolik; Kröner Stuttgart 1991
Zimmer, Dieter E. >So kommt der Mensch zur Sprache<
Haffmans Verlag AG Zürich 1988

www.ingramcontent.com/pod-product-compliance
Lightning Source LLC
Chambersburg PA
CBHW020129010526
44115CB00008B/1036

9783828883024